Doppel-Klick

Arbeitsheft Deutsch 7 M

Mittelschule Bayern

Schreiben
Mit Texten umgehen
Rechtschreiben
Grammatik

Erarbeitet von
Susanne Bonora (Scheßlitz),
Sylvelin Leipold (Burgebrach),
Petra Maier-Hundhammer (München),
Heike Potyra (Zirndorf)

 Deine interaktiven Gratis-Übungen findest du hier:

1. Gehe auf scook.de/bayern
2. Gib den unten stehenden Zugangscode in die Box ein.
3. Hab viel Spaß mit deinen Gratis-Übungen.

Dein Zugangscode auf
www.scook.de/bayern | **jp9sh-f9f8p**

Die Mediencodes enthalten zusätzliche Unterrichtsmaterialien, die der Verlag
in eigener Verantwortung zur Verfügung stellt.

Inhaltsverzeichnis

Doppel-Klick 7 M Mittelschule Bayern

Arbeitsheft Deutsch 7

Lösungen

Seite 4

⊙ **2** b. *Diese Sätze könntest du aufgeschrieben haben:*
Ein Luchs lauert neben einem Baumstamm.
Der Luchs hat ein rotbraunes Fell. Seine Ohren
sind aufmerksam aufgestellt.
Der Luchs trägt ein Halsband. Sein Fell ist
rötlichbraun mit dunklen Flecken. Er hat lange
kräftige Beine und einen recht kurzen Schwanz.

3 Situation der Luchse in Deutschland, Lebensweise,
Verbreitung

Seite 5

4 *Diese Wörter und Wortgruppen könntest du
aufgeschrieben haben:*
gute Ohren, Jäger, Familie der Katzen, blitzschnell,
breite Pfoten, Beutetiere, Riss, gefährdet,
Nationalpark, Forscher, Senderhalsband

5 *Diesen Satz könntest du aufgeschrieben haben:*
In dem Text geht es um den Luchs, sein Aussehen,
sein Jagdverhalten sowie um Projekte
zur Wiederansiedlung des Luchses.

Seite 6

6 b. *Diese Zwischenüberschriften könntest du
aufgeschrieben haben:*
Absatz 1: Das Gehör
Absatz 2: Der Körperbau
Absatz 3: Das Jagdverhalten
Absatz 4: Luchsprojekte
Absatz 5: Beobachtung der Luchse

Seite 7

8 *Diese Schlüsselwörter könntest du notiert haben:*
Absatz 1: Ohren, gut, Jäger
Absatz 2: galt als ausgerottet, Deutschland,
Raubtiere, Familie der Katzen,
Körperlänge von 80 bis 110 Zentimetern,
Schulterhöhe von über 50 Zentimetern,
70 Kilometer in der Stunde,
scharfen Krallen, breiten Pfoten,
Winter erfolgreich jagen
Absatz 3: nachts und am frühen Morgen jagen,
Wildwechseln, Kaninchen, Rotfüchse,
junge Wildschweine, Murmeltiere, Mäuse,
Eichhörnchen, am liebsten Rehe, „Riss"

Absatz 4: Nationalpark Harz, Bayern, Luchsprojekte,
Wiederansiedlung, Vorkommen erfassen,
Entwicklung beobachten, Luchsbeauftragte
Absatz 5: mit Funkhalsbändern, Wege verfolgen,
Foto- oder Videokameras,
Bewegungssensor

9 *Diese Erklärung könntest du aufgeschrieben haben:*
der Wildwechsel: Wege, die z. B. Rehe regelmäßig
benutzen
schlagen: hier: erlegen
der Riss: die erlegte Beute

10 *Diese Erklärung könntest du aufgeschrieben haben:*
Ein Satellit ist ein Flugkörper im Weltraum,
der einen Himmelskörper auf einer Umlaufbahn
umrundet und Daten sammelt und sendet.

Seite 8

12 *Diese Sätze könntest du aufgeschrieben haben:*
- Die guten Ohren des Luchses sowie sein Körperbau,
  seine scharfe Krallen und die breiten Pfoten
  machen den Luchs zu einem guten Jäger.
- Die Luchsprojekte sind entstanden, weil der Luchs
  stark gefährdet ist.
- Möglichkeiten zur Beobachtung des Luchses sind
  Senderhalsbänder oder Foto- und Videokameras
  mit Bewegungssensoren.

13 *So könnte deine Lösung aussehen:*
Verbreitung: Europa, Deutschland
Jagdverhalten: jagt nachts und am frühen Morgen,
an Wildwechseln, hinterlässt „Risse"
Besonderheiten: sehr gutes Gehör, bis zu 70
Kilometer pro Stunde schnell, scharfe Krallen,
breite Pfoten (kann im Winter jagen)
Luchsbeobachtungen: Luchse mit Senderhalsbändern
ausgestattet, Foto- und Videokameras mit
Bewegungssensoren
Beutetiere: Rehe, Kaninchen, Rotfüchse,
junge Wildschweine, Murmeltiere, Mäuse,
Eichhörnchen
Wiederansiedlung des Luchses: im Nationalpark Harz,
in Bayern
Luchsprojekte: Vorkommen wird erfasst, Entwicklung
beobachtet, Luchsbeauftragte

14 b. Die Grafik informiert über die Situation heimischer Tierarten in Bayern im Hinblick auf ihre Gefährdung.

15 b. Die farbigen Teile zeigen die Gefährdung der Säugetierarten in Bayern im Jahr 2017.

16 verschollen: für längere Zeit abwesend und nicht auffindbar, für verloren gehalten oder als tot betrachtet

17 – 2017
– 7
– Die Vorwarnliste nennt Tiere, die noch ungefährdet sind, bei denen sich eine Gefährdung aber in den nächsten 10 Jahren entwickeln könnte.

18 *zum Beispiel:*
Wie viele Säugetierarten sind ungefährdet?
41 Säugetierarten sind ungefährdet.

19 Die Grafik informiert über die Situation heimischer Tierarten in Bayern im Hinblick auf ihre Gefährdung. Mehr als 25 Säugetierarten sind gefährdet oder bereits ausgestorben/verschollen.

Seite 11

3 *Vergleiche deine Antworten mit der Tabelle. Hake ab ✓, wenn du das Kreuz richtig gesetzt und die Spalte „Zeile/Grafik" richtig ausgefüllt hast.*

Aussagen zum Text und zur Grafik	richtig: r falsch: f	Zeile/ Grafik	✓
1.	f	G	
2.	f	Z. 6	
3.	f	Z. 9	
4.	f	Z. 11–12	
5.	r	Z. 14–15	
6.	f	Z. 15–16	
7.	r	Z. 16–17	
8.	f	Z. 18	
9.	r	Z. 22–23	
10.	f	Z. 25–26	
11.	r	Z. 27–29	
12.	f	Z. 29–30	
13.	r	Z. 31–32	
14.	r	Z. 33	
15.	f	Z. 36	

Auswertung:
12–15 Haken: Super!
7–11 Haken: Du kannst noch besser werden. Übe weiter.
0–6 Haken: Übe weiter. Versuche es dann noch einmal.

Seite 13

2 *Diese Stichworte könntest du aufgeschrieben haben:*
– leichtsinnig und ohne spezielle Ausrüstung oder notwendiges Wissen
– unterirdisch
– in niedrigen Gängen kann Rückweg in kürzester Zeit abgeschnitten sein
– von Tauchern
– Konzentrationsübungen für eine ruhigere Atmung

Seite 14

1 *Diese Schreibziele hast du sicher aufgeschrieben:*
– Der Text soll sich an die Schülerinnen und Schüler richten, die die Schülerzeitung lesen.
– Mein Ziel ist es, sie über Höhlenforschung zu informieren.

2 *Diese Antworten hast du sicher angekreuzt:*
Ich schreibe in einfachen, klaren Sätzen.
Ich verwende Fachbegriffe, die wichtig sind.
Ich lasse Unwichtiges weg und schreibe sachlich.

Seite 17

2 Die Schule soll später beginnen:
Zirndorfer Schüler, die Experten
Die Schule soll so früh beginnen wie bisher:
Fürther Schüler, die Eltern

3 b.
Behauptung: Die Jugendlichen wünschen sich morgens mehr Zeit.
Begründung: Sie wollen nicht abgehetzt und zu spät im Unterricht ankommen.
Beispiel: Dann hätte mancher von ihnen auch Zeit, den Hund auszuführen.

Behauptung: Viele Schüler haben oft Kopfweh.
Begründung: Sie hatten zu wenig Schlaf.
Beispiel: Schlafforscher haben herausgefunden, dass Jugendliche mindestens achteinhalb Stunden Schlaf brauchen.

Behauptung: Die Schulleistungen werden besser.
Begründung: Die Jugendlichen sind ausgeschlafen.
Beispiel: Das fördert die Freude am Lernen.

4 b.

Behauptung: Die Schüler wollen nachmittags früh nach Hause.
Begründung: Ihnen fehlt sonst die Zeit für Hobbys und Freunde.
Beispiel: Viele Jugendliche treiben am Nachmittag Sport.

Behauptung: Den Eltern ist wichtig, dass die Familie morgens gemeinsam aus dem Haus geht.
Begründung: Sie können so kontrollieren, ob ihr Kind wirklich zur Schule geht.
Beispiel: Dem Schuleschwänzen wird vorgebeugt.

Behauptung: Die Kinder sollen sich an das frühe Aufstehen gewöhnen.
Begründung: Sie können sich später im Job die Arbeitszeit auch nicht aussuchen.
Beispiel: Verspäten sie sich oft bei der Arbeit, dann verlieren sie ihren Job.

Seite 19

◉ **4** *Diese Antwort hast du sicher angekreuzt:*
Name des Absenders

5, ◉ **6**, **7** und **8**

So könnte dein Leserbrief aussehen:
Ich habe den Artikel „Soll die Schule morgens später anfangen?" gelesen und möchte mich dazu äußern. Meiner Meinung nach wäre das nicht sinnvoll.
Gegen einen späteren Schulbeginn spricht, dass die Schule dann zu lange dauern würde. Viele Schüler wollen aber früher zu Hause sein, weil sie sonst keine Zeit für ihre Hobbys haben. Beispielsweise treiben viele Jugendliche Sport, der am Nachmittag stattfindet.
Außerdem ist es den meisten Eltern wichtig, dass alle Familienmitglieder morgens gemeinsam aus dem Haus gehen, denn nur dann können sie sicher sein, dass ihr Kind auch wirklich zur Schule geht. Dem Schuleschwänzen kann so zum Beispiel vorgebeugt werden.
Nicht zuletzt finde ich es wichtig, dass sich die Schülerinnen und Schüler an das frühe Aufstehen gewöhnen, weil dies später im Job möglicherweise auch von ihnen verlangt wird. Wenn sie dann ständig zu spät zur Arbeit kommen, verlieren sie ihren Job.
Ich bin außerdem davon überzeugt, dass nicht alle Schülerinnen und Schüler morgens ausschlafen wollen, denn viele von ihnen sind Frühaufsteher. So ist mein Bruder morgens immer um 6 Uhr wach und steht gerne auf.
Aus diesen Gründen bin ich dagegen, dass die Schule morgens später anfängt. Diese Meinung vertreten auch viele Jugendliche an meiner Schule und in meinem Freundeskreis.
Nina Röll

Seite 20

2 *Diesen Satz könntest du aufgeschrieben haben:*
Der Zeitungsartikel informiert darüber, dass im Landkreis Führt die Schulbusse mit WLAN ausgestattet sind.

3 b. *Diesen Satz könntest du aufgeschrieben haben:*
Selina findet es nicht gut, dass Schulbusse mit WLAN ausgestattet sind.

Seite 21

◉ **4** *Diese Aussage hast du sicher angekreuzt:*
Es wird nicht deutlich, dass es sich um Selinas eigene Meinung handelt.

5 *Diese Einleitung könntest du aufgeschrieben haben:*
Ich habe den Zeitungsartikel „Schulbusse sind mit WLAN ausgestattet" gelesen und bin nicht der Meinung, dass dieser neue Service sinnvoll und notwendig ist.

6 *Diese Argumente hast du sicherlich so unterstrichen und ergänzt:*
Behauptung, Begründung, Beispiel

Zum einen stört es mich, dass es im Bus so laut ist. Viele Schüler hören laut Musik oder spielen ihren Sitznachbarn Songs und Videos vor. Der Lärm führt aber zum Beispiel dazu, dass ich im Bus nicht mehr lernen kann. Besonders am Mittwoch wäre das aber wichtig, weil ich lange Schule habe und danach gleich ins Training muss. Zudem ist nicht sicher, was mit den eigenen Daten in öffentlichen Netzwerken passiert. Wenn das WLAN im Bus allen zugänglich ist, kann es vermutlich auch leicht gehakt werden. Es kann aber gefährlich sein, wenn beispielsweise persönliche Daten oder private Fotos an Fremde gelangen. Durch das WLAN sprechen die Jugendlichen kaum noch miteinander. Denn alle sitzen mit ihren Handys da und starren auf den Bildschirm. Oft hört man statt Gesprächen nur das „Pling" eingehender Nachrichten. Ich fand es schöner, als wir miteinander geredet haben und uns dabei angeschaut haben. Oft haben wir uns dann beispielsweise für den Nachmittag verabredet.

7 und **8** b.
Aus diesen Gründen bin ich gegen WLAN im Schulbus.
Wer im Schulbus nicht auf das Internet verzichten kann, der kann auch seine mobilen Daten nutzen. Als Service für alle verleitet WLAN doch dazu, auch im Bus online zu sein.
Selina Meier

2 b. *So hast du die Materialien und Arbeitsmittel sicher notiert:*
der Striegel, die Wurzelbürste, die Kardätsche, der Hufauskratzer, der Schwamm, der Kamm

3 b. *So hast du die Arbeitsschritte sicher notiert:*
1: Pferd an der Putzstelle festbinden
2: Hals und Körper striegeln
3: Beine mit der Wurzelbürste säubern
4: Fell mit der Kardätsche bürsten
5: Kopf mit der Kardätsche bürsten
6: Augen und Nüstern mit dem Schwamm waschen
7: Hufe auskratzen
8: Mähne und Schweif mit dem Kamm kämmen

4 ☐4 Dadurch wird der Staub entfernt und das Fell wird zum Glänzen gebracht.
☐7 So wird verhindert, dass spitze Steine in den Ballen eingetreten werden und Schmerzen verursachen.
☐6 Damit werden diese empfindlichen Bereiche am Kopf nicht verletzt.

5 *Diese Erklärung könntest du aufgeschrieben haben:*
Das Pferd muss man an der Putzstelle festbinden, damit es ruhig stehen bleibt.

7 Ein Pferd putzen

1, **2**, **3** und **4**
So könnte deine Beschreibung aussehen:
Ein Pferd putzen
Um ein Pferd zu putzen, benötigt man folgende Arbeitsmittel: einen Striegel, eine Wurzelbürste, eine Kardätsche, einen Hufauskratzer, einen Schwamm und einen Kamm.
Zuerst bindet man das Pferd an der Putzstelle fest, damit es ruhig stehen bleibt. Dann striegelt man den Hals und den Körper. Anschließend säubert man die Beine mit der Wurzelbürste. Daraufhin bürstet man das Fell mit der Kardätsche. Dadurch wird der Staub entfernt und das Fell wird zum Glänzen gebracht. Jetzt bürstet man auch den Kopf mit der Kardätsche. Danach wäscht man die Augen und Nüstern mit dem Schwamm, damit diese empfindlichen Bereiche am Kopf nicht verletzt werden. Schließlich kratzt man die Hufe aus. So wird verhindert, dass spitze Steine in den Ballen eingetreten werden und Schmerzen verursachen. Zum Schluss kämmt man die Mähne und den Schweif.

5 b. *Diese Arbeitsmittel und Materialien hast du sicher notiert:*
Waschplatz mit Abfluss, Schlauch, lauwarmes Wasser, Schwamm, Schweißmesser

c. *Diese Stichworte zu den Arbeitsschritten hast du sicher notiert:*
1: Pferd am Waschplatz anbinden
2: Beine von unten nach oben gründlich abspritzen
3: Hals und Rücken abspritzen
4: Kopf mit dem Schwamm waschen
5: Wasser mit dem Schweißmesser aus dem Fell ziehen

6 *So könnte deine Beschreibung aussehen:*
Ein Pferd duschen
Man braucht dazu einen Waschplatz mit Abfluss, einen Schlauch, lauwarmes Wasser, einen Schwamm und ein Schweißmesser.
Zuerst bindet man das Pferd am Waschplatz fest, damit es ruhig stehen bleibt. Dann spritzt man die Beine von unten nach oben gründlich ab. Anschließend spritzt man den Hals und den Rücken ab. Daraufhin wäscht man den Kopf mit dem Schwamm. Zum Schluss zieht man mit dem Schweißmesser das Wasser aus dem Fell.

1 bis **5** *So könnte dein überarbeiteter Text aussehen:*
Wie man einen Liebesbrief mit einem QR-Code verschlüsselt
Wenn man einen Liebesbrief im Würfelmuster eines QR-Codes verstecken möchte, braucht man einen kurzen, liebevollen Text und ein Handy oder einen PC mit Internetanschluss.
Zuerst gibt man im Internet bei einer Suchmaschine die Begriffe „QR-Code erzeugen" ein. Man erhält viele Internetadressen, bei denen man kostenlos selbst einen QR-Code erzeugen kann.
Sobald man einen passenden Link öffnet, erscheint schon ein Feld, in das man einen Text eintragen kann. Anschließend klickt man den Button für die automatische Erzeugung des QR-Codes.
Sofort erscheint auf dem Bildschirm das gemusterte Quadrat mit den verschlüsselten Informationen. Dann speichert man das Quadrat so in einem Ordner, dass man es später wiederfindet.
Zum Schluss verschickt man den QR-Code im Anhang einer E-Mail oder druckt ihn aus. Man kann ihn auch direkt dem oder der Liebsten auf dem Handy zeigen.

2 *Diese Wörter könntest du markiert haben:*
Baggerfahrer, merkwürdig aussehender Sack,
Geldscheine, 100.000 Mark, Polizei, Ermittlungen

Seite 33

3 b. *Diese Antwort hast du sicher angekreuzt:*
Die Hauptfigur ist „er" (Z. 7). Er hat
in der Kurzgeschichte keinen Namen.

4 *Diese Antwort hast du sicher angekreuzt:*
Die Hauptfigur steht mit einer Frau vor einem Haus
und unterhält sich mit ihr.

6 *Diese Stichworte könntest du aufgeschrieben haben:*
fühlt sich der Frau unterlegen, herabgesetzt

Seite 34

7 a. *Diese Sätze hast du sicher unterstrichen:*
„Ich möchte jetzt wissen, was dich so verändert",
sagte er. „Ich möchte das endlich mal rauskriegen.
Willst du mir nicht sagen, was los ist?" (Z. 21 ff.)

8 b. *Diese Adjektive könntest du aufgeschrieben haben:*
abweisend (Z. 26, 37), kalt (Z. 33), ungeduldig (Z. 30)

9 *Diese Begründung könntest du aufgeschrieben haben:*
Die Frau antwortet nicht und verhält sich abweisend.
Dadurch verhindert sie, dass die Hauptfigur erfährt,
was los ist.

10 *So könnte deine Beschreibung aussehen:*
Die Hauptfigur lässt nicht locker und fragt nach.
Der Mann will den Grund für das Verhalten der Frau
erfahren. Er möchte sich am nächsten Tag wieder
mit ihr treffen.

Seite 35

12 Zeile 6 steht in der Zeitform *Präteritum*,
Zeile 7 steht in der Zeitform *Plusquamperfekt*.
Dadurch wird ausgedrückt, dass das Geschehen
ab Zeile 7 *vor* dem Ende passiert ist.

13 *Diesen Satz hast du sicher angekreuzt:*
Der Mann geht fort und lächelt gezwungen.

14 *Diesen Satz hast du sicher aufgeschrieben:*
Der Mann zwingt sich zu lächeln,
weil er seine Traurigkeit nicht zeigen will.

Seite 36

2 *Diese Begriffe hast du sicher aufgeschrieben:*
die Tränen, grau, weinen, trostlos

3 b. Auf Regen folgt Sonnenschein. –
Nach einer schlechten Situation
folgt eine gute Situation.
ein Gesicht wie sieben Tage Regenwetter machen –
bekümmert/traurig aussehen
jemanden im Regen stehen lassen –
jemanden nicht unterstützen

c. *Diese Redewendung könntest du markiert haben:*
jemanden im Regen stehen lassen

5 *Diese Interpretationen hast du sicher angekreuzt:*
Man sagt, dass die Augen der „Spiegel der Seele"
sind. Die Beschreibung ihrer Augen zeigt also,
dass die Frau nichts mehr für den Mann empfindet.
Die Frau ist gefühlsmäßig sehr weit weg
von dem Mann.

Seite 40

2 *Diese Stichworte könntest du aufgeschrieben haben:*
Junge, Sam, 15 Jahre alt

3 *Diese Antworten hast du sicher angekreuzt:*
Sams Eltern leben getrennt.
Sam hat ein Mädchen kennen gelernt.
Er lebt bei seiner Mutter.
Er ist froh, dass seine Mutter ihren Freund
verlassen hat.
Sam spricht mit dem Poster eines bekannten Skaters.

Seite 41

5 *Diese Antworten könntest du aufgeschrieben haben:*
- Als Sam anfing zu skaten, hat ihm seine Mutter
  ein Poster des Skaters Tony Hawk geschenkt.
- Sam hat sich angewöhnt, mit dem Poster zu reden
  wie mit einem Freund. Er hat außerdem ein Buch
  von Tony Hawk gelesen und glaubt, dass Tony ihm
  durch das Buch antwortet.
- Sam lebt allein mit seiner Mutter. Er braucht
  einen Freund zum Reden. Deshalb spricht er
  mit dem Poster über das Skaten und darüber,
  was ihn bewegt.

6 b. *So könntest du den Wunsch aufgeschrieben haben:*
Sam wünscht sich, er würde Tony Hawks Buch nicht
so gut kennen, dass er genau weiß, was Tony sagen
würde.

7 *Diese Antwort hast du sicher angekreuzt:*
Sam weiß, dass seine Skatertricks für einen Profi wie
Tony Hawk nicht schwer sind. Aber er hat lange dafür
geübt und wünscht sich Anerkennung.

8 **a.** *Diese Zeilen hast du sicher markiert:*
Z. 63–64, Z. 91–93

Seite 42

1 *So könntest du die Fragen beantwortet haben:*
– Tony Hawk ist berühmter Skater, Sam skatet auch
– Sam redet mit Tony, hat Tonys Buch sehr oft
 gelesen, hält es für bestes Buch der Welt
– mehr und passendere Antworten zu jedem Thema

2 **b.** *Diese Stichworte könntest du notiert haben:*
die Schule, seine Mutter, Alicia

Seite 43

3 *Diese Antworten hast du sicher angekreuzt:*
lockere Umgangssprache; z. B. Z. 1, 9–10, 14–17,
27–28, 41–42
abwechslungsreicher Satzbau; z. B. Z. 11–14, 17–22,
78–82, 91–95
gut zu verstehen; z. B. Z. 47–50, 96–100

4 *Diesen Satz könntest du aufgeschrieben haben:*
Durch seinen Sprachstil wirkt Sam offen, ehrlich und
wie ein ganz normaler Jugendlicher.

Seite 44

1 **b.** *Diesen Satz könntest du aufgeschrieben haben:*
Die Ballade handelt vermutlich vom Einsturz
der Brücke am Tay.

2 *Dies ist der vollständige Text der Ballade:*
Die Brück' am Tay
(28. Dezember 1879)
When shall we three meet again?
 Macbeth

„Wann treffen wir drei wieder zusamm?"
„Um die siebente Stund', am Brückendamm."
„Am Mittelpfeiler."
„Ich lösche die Flamm."
„Ich mit."
„Ich komme vom Norden her."
„Und ich vom Süden."
„Und ich vom Meer."
„Hei, das gibt einen Ringelreihn,
Und die Brücke muss in den Grund hinein."
„Und der Zug, der in die Brücke tritt
Um die siebente Stund?"
„Ei, der muss mit."
„Muss mit."
„Tand, Tand
Ist das Gebilde von Menschenhand!"

Auf der Norderseite, das Brückenhaus –
Alle Fenster sehen nach Süden aus,
Und die Brücknersleut' ohne Rast und Ruh
Und in Bangen sehen nach Süden zu,
Sehen und warten, ob nicht ein Licht
Übers Wasser hin „Ich komme" spricht,
„Ich komme, trotz Nacht und Sturmesflug,
Ich, der Edinburger Zug."

Und der Brückner jetzt: „Ich seh' einen Schein
Am anderen Ufer. Das muss er sein.
Nun, Mutter, weg mit dem bangen Traum,
Unser Johnie kommt und will seinen Baum,
Und was noch am Baume von Lichtern ist,
Zünd' alles an wie zum Heiligen Christ,
Der will heuer zweimal mit uns sein –
Und in elf Minuten ist er herein."

Und es war der Zug. Am Süderturm
Keucht er vorbei jetzt gegen den Sturm,
Und Johnie spricht: „Die Brücke noch!
Aber was tut es, wir zwingen es doch.
Ein fester Kessel, ein doppelter Dampf,
Die bleiben Sieger in solchem Kampf.
Und wie's auch rast und ringt und rennt,
Wir kriegen es unter, das Element.

Und unser Stolz ist unsre Brück';
Ich lache, denk' ich an früher zurück,
An all den Jammer und all die Not
Mit dem elend alten Schifferboot;
Wie manche liebe Christfestnacht
Hab' ich im Fährhaus zugebracht,
Und sah unsrer Fenster lichten Schein
Und zählte und konnte nicht drüben sein."

Auf der Norderseite, das Brückenhaus –
Alle Fenster sehen nach Süden aus,
Und die Brücknersleut' ohne Rast und Ruh
Und in Bangen sehen nach Süden zu;
Denn wütender wurde der Winde Spiel,
Und jetzt, als ob Feuer vom Himmel fiel',
Erglüht es in niederschießender Pracht
Überm Wasser unten … Und wieder ist Nacht.

„Wann treffen wir drei wieder zusamm?"
„Um Mitternacht, am Bergeskamm."
„Auf dem hohen Moor, am Erlenstamm."
„Ich komme."
„Ich mit."
„Ich nenn' euch die Zahl."
„Und ich die Namen."
„Und ich die Qual."
„Hei!
Wie Splitter brach das Gebälk entzwei."
„Tand, Tand
Ist das Gebilde von Menschenhand."

3 b. *Diese Stichworte könntest du notiert haben:*
Hauptfiguren: Brücknersleut
Situation: Brückenhaus, sehen unruhig
aus dem Fenster

c. *Diese Stichworte könntest du notiert haben:*
gespannt, erwartungsvoll, freudig

4 *Diese Antwort hast du sicher angekreuzt und um diese Versangaben ergänzt:*
Sie wünschen sich, dass ihr Sohn Johnie bald mit dem Zug kommt. Verse *5* bis *16*.

5 *Diese Antwort hast du sicher angekreuzt und um diese Versangabe ergänzt:*
ein Sturm Vers *18*.

Seite 46

6 a. *So hast du die Lücken sicher ergänzt:*
Johnie sagt: „Wir müssen nur noch über *die Brücke* fahren. Aber das *schaffen* wir. Der Zug hat nämlich eine *kräftige* Dampflokomotive. Sie kann *den Zug* über die Brücke ziehen. Dabei ist es egal, wie stark *der Sturm* ist."

b. *Diese Adjektive könnest du aufgeschrieben haben:*
Er ist *zuversichtlich, selbstbewusst* und *gelassen.*

7 *Diese Antworten könntest du aufgeschrieben haben:*
– Zug wird Sturm besiegen und Brücke überqueren
– auf die Brücke
– mit dem alten Schifferboot

8 *So hast du die Sätze sicher zugeordnet:*

Der Vater sieht schon das Licht des Zuges am Ende der Brücke.	Strophe 2
Die Eltern hoffen, dass ihr Sohn bald da ist.	Strophe 1
Johnie denkt an die Zeit, als es noch keine Brücke gab.	Strophe 4
Johnie glaubt, dass der Zug sicher über die Brücke fährt.	Strophe 3

10 *Diese Antwort hast du sicher angekreuzt:*
Die Brücke ist durch den Sturm zerstört.
Der Zug stürzt im Funkenflug ins Wasser.

11 *So könntest du das Ende beschrieben haben:*
Der Sturm wird heftiger und zerstört die Brücke. Der Zug rast weiter und fällt in den Fluss. Die Dampflokomotive wird mit einem Kohlenfeuer betrieben, deshalb glühen Funken, bevor alles im Fluss versinkt.

Seite 47

1 *Diese Inhaltszusammenfassung könntest du aufgeschrieben haben:*
Auf der Nordseite eines Flusses warten die Brücknersleute auf ihren Sohn Johnie, der mit dem Zug kommen soll. Johnie ist stolz auf die Brücke. Er ist froh, dass er den Fluss nicht mehr mit einem Boot überqueren muss. Die Brücke stürzt aber durch einen Sturm ein. Der Zug fällt in den Fluss.

2 c. *Diese Antworten hast du sicher angekreuzt:*

	richtig	falsch
Die Strophen haben jeweils eine unterschiedliche Anzahl von Versen.	☐	☒
Die Strophen sind im Paarreim geschrieben.	☒	☐

3 a. Der Zug keucht gegen den Sturm.

b. *Dieses Beispiel für eine Personifikation könntest du aufgeschrieben haben:*
In den Versen 5 bis 8 wird wieder der Zug bzw. werden seine Scheinwerfer personifiziert, denn das Licht „spricht".

4 a. Bestimmt hast du in der zweiten Strophe die Verse 9 bis 16 grün markiert, ohne:
„Und der Brückner jetzt:"

b. Bestimmt hast du in der dritten Strophe die Verse 19 bis 24 rot markiert, bis auf „Und Johnie spricht". In der vierten Strophe hast du sicher die Verse 25 bis 32 rot markiert.

c. *Diese Sätze hast du sicher angekreuzt:*
Die Leserinnen und Leser haben das Gefühl, bei dem Geschehen in der Ballade dabei zu sein.
Die wörtliche Rede macht die Ballade spannend.

3 *Diesen Satz hast du sicher angekreuzt:*
Jemand ist verliebt und nimmt die Geräusche im Wald wie Musik wahr.

1 Das Gedicht hat vier Strophen, jede Strophe hat vier Verse.

2 a. *Diese Reimwörter hast du sicher markiert:*
erste Strophe: Nester – Waldorchester
zweite Strophe: wichtig – zeitmaßrichtig
dritte Strophe: dirigieret' – musiziert
vierte Strophe: Kapellenmeister – heißt er

b. *So hast du den Satz sicher ergänzt:*
In *allen* Strophen reimen sich immer Vers *2* und Vers *4*.

3 Es erklingen alle Bäume,
Und es singen alle Nester –

4 *So hast du den Lückentext sicher ergänzt:*
Der Autor verwendet in allen Versen *dasselbe* Metrum.
Jeder Vers beginnt mit einer *betonten* Silbe.
Darauf folgt immer eine *unbetonte* Silbe.

5 *Diese Sätze hast du sicher angekreuzt:*
Beim Dirigieren gibt der Kapellmeister den Takt an, damit alle Musiker im selben Tempo spielen.
Ein Kapellmeister zeigt beim Dirigieren, welche Töne betont werden müssen.

1 b. *Dieses Verb hast du sicher markiert:*
singen

c. *Diese Stichwörter könntest du aufgeschrieben haben:*
– die Nester
– die ganze Natur ist fröhlich, nicht nur die Vögel

2 b. *So hast du die Wortgruppen und Versangaben sicher ergänzt:*
Der Autor vergleicht das *beständige Nicken* des Kiebitzes (Vers *6*), den *gleichmäßigen Ruf* des Kuckucks (Vers *8*) und das *Klappern des Storches* mit seinem Streckbein (Vers *11*) mit dem Verhalten eines Kapellmeisters.

3 *Diese Vergleiche könntest du aufgeschrieben haben:*
Die singenden Vögel sind wie ein Chor.
Die singenden Vögel sind wie eine Blaskapelle.

4 a. *Diese Antwort hast du sicher angekreuzt:*
die singenden Vögel im Wald

b. *Diese Antworten hast du sicher angekreuzt:*
Der Vogelgesang klingt so schön, wie ein Orchester spielt.
Es gibt so viele unterschiedliche Vogelstimmen wie Instrumente in einem Orchester.

5 *Diese Antwort hast du sicher angekreuzt:*
die Liebe

6 *Diesen Satz könntest du aufgeschrieben haben:*
Die Liebe, die der Autor im Herzen fühlt, bestimmt seine Stimmung und seine Wahrnehmung.

7 *Diese Stichworte könntest du aufgeschrieben haben:*
verliebt, ausgelassen, euphorisch, auf Wolke sieben, betört

8 *Diese Eindrücke könntest du aufgeschrieben haben:*
Das Waldorchester spiegelt die fröhliche Stimmung wider, die der Verliebte empfindet.

2 *Diesen Satz könntest du aufgeschrieben haben:*
Wesna denkt darüber nach, was sie besonders gut kann und woran sie Freude hat.

3 b.
Beruf   Schülerpraktikum   darüber
besonders   wichtige   Natürlich   großartige
Gelegenheit   herausfinden   Ausbildung

5 b. und c.
gehören, (der) Fernseher, (die) Rehe, blühen, ruhig, gehen, (die) Schuhe, stehen, glühen, nähen, (die) Zehen

6 zwei Silben: die Freizeit, die Woche, der Samstag, der Morgen, die Waren
drei Silben: besonders, die Schulstunden, das Taschengeld, der Supermarkt, die Aushilfskraft
vier und mehr Silben: der Hindernislauf, der Kundenkontakt, die Einkaufswagen, die Einkaufstüten

2 *Diese Textstelle hast du sicher markiert:*
Verkäuferin

3 **a. und b.**
Nomen: die Kinder – das Kind
die Hunde – der Hund
die Erfolge – der Erfolg
Verben: fragen – fragt
beschreiben – beschreibt
glauben – glaubt

5 *Diese Textstelle hast du sicher markiert:*
zur Klassensprecherin

6 das kluge Mädchen – klug
die fleißige Schülerin – fleißig
der liebe Gruß – lieb
die grobe Gemeinheit – grob
das wilde Abenteuer – wild
eine spannende Geschichte – spannend

8 das Aben*d*brot   die Abende   das Abendbrot
der Fahrra*d*helm   die Fahrräder   der Fahrradhelm
die Zu*g*begleiterin die Züge   die Zugbegleiterin
der Han*d*schuh   die Hände   der Handschuh
der Wal*d*rand   die Wälder   der Waldrand
die Ber*g*luft   die Berge   die Bergluft
der Kor*b*sessel   die Körbe   der Korbsessel

2 *Diese Textstelle hast du sicher markiert:*
mit einem Berufsberater

3 **b. und c.**
unterhält – unterhalten, träume – Traum,
Verkäuferin – verkaufen, Sträuße – Strauß,
fällt – fallen

5 *Diese Textstelle hast du sicher markiert:*
ein Praktikum in beiden Berufen machen

6 Der Berufsberater l*ä*chelt. „Bei so unterschiedlichen
Ideen solltest du einfach ein Praktikum
in beiden Berufen machen. Dann stellst du fest,
wo deine St*ä*rken liegen: Hast du geschickte H*ä*nde
oder r*äu*mst du gern Dinge ein? Oft f*ä*llt einem dann
die Entscheidung leichter. Ich schreibe dir
eine G*ä*rtnerei und einen Modeladen auf."
Kurz danach verl*ä*sst Wesna zufrieden das Geb*äu*de.

1 b. vortragen, vertragen, ertragen, eintragen

2 Ich kann das nicht aushalten. – Ich kann das nicht
ertragen.
Wir verstehen uns gut. – Wir vertragen uns gut.
Ich will euch etwas laut vorlesen. – Ich will euch
etwas vortragen.
Du musst deinen Namen hier aufschreiben. –
Du musst dich hier eintragen.

3 Mit seinen Geschwistern *verträgt* er sich selten gut.
Im Reitstall müssen sich die Jugendlichen
in eine Liste *eintragen*.
Wie *erträgst* du nur diesen Lärm?

2 Buchdruckerin, Möbeltischler, Veranstaltungskauffrau,
Bootsbauer

3 **b. und c.**
das Berufspraktikum
die Buchdruckerin
der Möbeltischler
die Arbeitszeiten
die Veranstaltungskauffrau
der Bootsbauer

4 der Hauswirtschaftshelfer,
die Hauswirtschaftshelferin
der Informationstechniker,
die Informationstechnikerin
der Schiffsmechaniker,
die Schiffsmechanikerin

2 **a. und b.**
die Achtklässler (Tipp 2), Pia (Tipp 1), Lisa (Tipp 1),
Vlado (Tipp 1), das Praktikum (Tipp 4),
die Kundinnen (Tipp 2), die Kunden (Tipp 2),
die Höflichkeit (Tipp 5), der Traumberuf (Tipp 4),
die Bewegung (Tipp 5), die Post (Tipp 2),
die Mappen (Tipp 3), die Beine (Tipp 4)

3 beim Frisör, im Gespräch, vom Fußballtraining, im Büro

4 viele Informationen

5 Lisa (Tipp 1), Praktikum (Tipp 4),
Seniorenheim (Tipp 2), Aufmerksamkeit (Tipp 5),
Bewohner (Tipp 7), Unterstützung (Tipp 5),
Pflegekraft (Tipp 2), Beispiel (Tipp 6),
Anziehen (Tipp 6), Frühstück (Tipp 2),
Verteilen (Tipp 6), Betreuerin (Tipp 4),
Bewohnerinnen (Tipp 7), Gemeinschaftsraum (Tipp 2),
Begleitung (Tipp 5); Aufgabe (Tipp 3), Weg (Tipp 3)

6 Auch Lisa berichtete von ihrem Praktikum:
„Ich war in einem Seniorenheim. Dort ist
Aufmerksamkeit sehr wichtig. Viele Bewohner
brauchen morgens Unterstützung durch eine
Pflegekraft, zum Beispiel beim Anziehen.
Dann wurde das Frühstück zubereitet und ich habe
beim Verteilen geholfen. Anschließend hat meine
Betreuerin mich gebeten, zwei Bewohnerinnen in den
Gemeinschaftsraum zu begleiten.
Als Begleitung hatte ich eine verantwortungsvolle
Aufgabe. Ich durfte nicht zu schnell gehen und
musste den kürzesten Weg finden."

1 Das Schreien im Seniorenheim ist verboten.
Das Befolgen der Anweisungen der Pfleger ist wichtig.
Die Missachtung der Sicherheitsvorschriften ist
gefährlich.

2 *Diese Wortgruppen könntest du aufgeschrieben haben:*
etwas Gutes, nicht Gutes, alles Gute
etwas Buntes, nichts Buntes, alles Bunte
etwas Gesundes, nichts Gesundes, alles Gesunde

3 Mein Opa *Walter* arbeitete in einem Bergwerk
im *Bayerischen Wald*.
In seiner Freizeit ging er oft zum Bergsteigen und
kletterte auf den *Großen Arber*.
Meine Großmutter arbeitete beim *Roten Kreuz*.

1 der Montag + der Vormittag = am *Montagvormittag*
der Mittwoch + der Morgen = am *Mittwochmorgen*
der Freitag + die Nacht = in der *Freitagnacht*

2 *Diese Zusammensetzungen hast du sicher*
unterstrichen:
Das Programm der Klassenfahrt – Teil 1
Am Montagmorgen wurde die Klasse 7 b
mit einem Bus in die Jugendherberge gebracht.
Nachdem sich alle die Zimmer ausgesucht hatten,
trug Maike beim Essen das Programm vor:
„Den Montagnachmittag können wir nutzen,
um das Gelände der Jugendherberge
zu erkunden. Am Montagabend beziehen wir
die Betten, damit jeder ein sauberes Bett hat.
Am Dienstagmorgen gibt es die von Sahin, Tim, Fred
und Kai geplante Stadtrallye.
Den Dienstagnachmittag nutzen wir
für einen Besuch des Freibades und
am Dienstagabend besprechen wir
die weitere Planung."

3 am Montagmorgen
am Montagnachmittag
am Montagabend
am Dienstagmorgen
am Dienstagnachmittag
am Dienstagabend

4 *So hast du die Lücken sicher ergänzt:*
Das Programm der Klassenfahrt – Teil 2
Am *Dienstagabend* erläutert Mesut den Plan
für die nächsten Tage: „Für den *Mittwochmorgen*
hat Herr Hagen eine Überraschung geplant.
Haltet euch ab 7 Uhr bereit! Nach dem Essen
gibt es am *Mittwochnachmittag* Gemeinschaftsspiele.
Richtig spannend wird es danach
in der *Donnerstagnacht* bei der Nachtwanderung!
Am *Freitagvormittag* müssen wir packen."

5 *So hast du den Lückentext sicher ergänzt:*
Max: Kommst du am Dienstag zum Basketball?
Sascha: Nach der Schule gehe ich *dienstags*
zum Gitarrenunterricht. Meine Hausaufgaben
mache ich *abends*.
Max: Und was machst du am Mittwoch?
Sascha: Ich bin *mittwochs* immer im Skaterpark.
Max: Und am Sonntag?
Sascha: Meist fahre ich *sonntags* mit meiner Familie
weg, aber erst am Nachmittag. Wir können uns also
morgens treffen.

6 der Montag – montags
der Donnerstag – donnerstags
der Freitag – freitags
der Samstag – samstags
der Vormittag – vormittags
der Mittag – mittags
der Nachmittag – nachmittags
die Nacht – nachts

7 *So hast du die Merksätze sicher ergänzt:*
Aus **Wochentagen** und *Tageszeiten* kann man
zusammengesetzte *Nomen* bilden.

Wochentage und **Tageszeiten** mit einem **s** am *Ende*
sind *Adverbien.* Sie werden **kleingeschrieben.**

8 *So hast du die Sätze sicher ergänzt:*
Am *Samstagabend* sehe ich mir ein Fußballspiel an.
Ich bin *morgens* manchmal noch sehr müde.
Frank und Lukas gehen *mittwochs* zum Badminton.
Wir probieren am *Dienstagnachmittag* das Spiel aus.
Was ist schöner, als *sonntagmorgens* auszuschlafen?

Seite 64

1 a. und b.
Radio hören, Zeitung lesen, Feuer machen,
Frieden schließen, Krieg führen, Müll trennen,
Basketball spielen, Rollstuhl fahren

2 Bei einem Basketballturnier müssen die Spieler *schnell*
dribbeln und *hoch werfen.*
Ist der Gegner stärker, sollten sie dennoch
möglichst *ruhig bleiben.*
In der Pause kann sich die Mannschaft
kurz ausruhen.
Alle Sportler sollten stets *fair kämpfen.*
In der Mannschaft darf sich der Einzelne nicht
zu *wichtig nehmen.*

3 *Diese Sätze könntest du aufgeschrieben haben:*
Heute Nachmittag werden wir baden gehen und
ich werde bis zum Sonnenuntergang am See liegen
bleiben.
Meine Ehrlichkeit wirst du noch schätzen lernen,
denn ich werde dich nie fallen lassen.

Seite 65

1 b. und c.
dir, wir, das Kilo, der Liter, die Vitamine,
die Margarine, die Maschinen, das Benzin

3 der Widerstand = die Abwehrhaltung
widersprechen = etwas dagegen sagen
widerstehen = einem Wunsch nicht nachgeben
widerwillig = ungern
erwidern = antworten

Seite 66

2 Soziale Netzwerke
Die Klasse 7a spricht im Deutschunterricht
über soziale Netzwerke. Kolja findet,
dass soziale Netzwerke gut sind.
Nadia ist Mitglied in einem Netzwerk,
weil ihre Freunde es sind. Keira ist dort angemeldet,
obwohl ihre Eltern dagegen sind.
Boris glaubt, dass durch das Chatten im Internet
neue Freundschaften entstehen. Milo hat
sein Profil gelöscht, weil ihm ein anderes Netzwerk
besser gefällt. Nachmittags chattet Janja, obwohl sie
ihre Freunde schon vormittags gesehen hat.
Tarik findet es gut, dass man in den Profilen
von anderen viel über sie erfahren kann.

4 a. und b.
Diese Sätze könntest du aufgeschrieben haben:
Ich befürchte, dass das Internet nicht sicher ist.
Gar nicht gefällt mir, dass alle meine Fotos sehen
können.
Zu meiner Party sind nur wenige gekommen,
obwohl ich alle meine 150 Freunde eingeladen habe.
Meine Freundin chattet viel, weil sie Angst hat,
etwas zu verpassen.

c. *Diese Sätze könntest du aufgeschrieben haben:*
Dass das Internet nicht sicher ist, befürchte ich.
Dass alle meine Fotos sehen können, gefällt mir
gar nicht.
Obwohl ich alle meine 150 Freunde eingeladen habe,
sind zu meiner Party nur wenige gekommen.
Weil sie Angst hat, etwas zu verpassen, chattet
meine Freundin viel.

2 *Diese Textstelle hast du sicher markiert:*
User nennt man einen Menschen, der Mitglied
in einem sozialen Netzwerk ist.

3 und **4**
User nennt man einen Menschen, der Mitglied
in einem sozialen Netzwerk ist. Jeder User gestaltet
für sich eine Seite, die er ins Netz stellt. Man erstellt
ein Profil, das möglichst viel über einen aussagt.
Es gibt mehrere soziale Netzwerke, die für Schüler
kostenlos sind.
Ayla erzählt von ihrem Netzwerk: „Ich kann
jedem User schreiben, der mich interessiert.
Auf meiner Seite gibt es eine Pinnwand,
die Veröffentlichungen von anderen enthält.
Ich habe ein Profilbild, das nicht zu persönlich ist.
Mein Netzwerk besteht aus Seiten,
die von den Usern gestaltet werden."

5 Gib niemandem Informationen, die persönlich sind.
In jedem sozialen Netzwerk gibt es Regeln,
die dich schützen.
Sei misstrauisch bei Nachfragen,
die persönliche Angaben von dir verlangen.
Verwende nur ein Foto, das dich nicht blamiert.

2 *Diese Textstelle hast du sicher markiert:*
Er hat zwei Wecker gestellt.

3 Heute beginnt Jantos Praktikum im Kindergarten. Er
hat zwei Wecker gestellt, um sich nicht zu verspäten.
Im Kindergarten wartet schon die Leiterin, um Janto
zu begrüßen. Sie zeigt ihm zuerst alle Räume und
Gruppen. Danach sitzt Janto allein im Büro.
Er spitzt die Ohren. Er hört Geräusche vor der Tür.

4 Die Leiterin kommt, um Janto zu holen.
Im Flur haben sich die Kindergartenkinder aufgestellt,
um ein Willkommenslied für ihn zu singen.

5 siehe Lösungen zu den Aufgaben **3** und **4**

6 a. Janto kniet sich hin, um dem Jungen die Nase zu
putzen.
Ein Kind nimmt Jantos Hand, um ihn in die Autoecke
zu ziehen.
Die Kinder decken den Tisch, um mit Janto
zu frühstücken.
Emil und Esra malen Bilder, um sie Janto zu schenken.

1 Yasemin sagt: „Ich finde mein Netzwerk gut,
weil ich dort nachmittags meine Freunde treffe."
„Wäre es nicht schöner, die Freunde persönlich
zu treffen?", fragt Mika.
Kasia entgegnet: „Ich hätte Angst, dort von Fremden
belästigt zu werden."
„Achte darauf, welche Informationen du von dir
preisgibst", rät Nico.

2 Laura sagt: „Das größte Problem an Netzwerken ist
das Mobbing!"
„Ich hätte Angst davor, im Internet beleidigt zu
werden", sagt Caro.
Tim überlegt: „Ich wüsste gar nicht, was ich in so
einem Fall tun sollte."
„Ich denke, man sollte sich einem Erwachsenen
anvertrauen", rät Amed.

2 *Diese Textstellen hast du sicher markiert:*
Museum, neue Ausstellung

3 friedlich, gefährlich, norwegisch, riesig, mühsam,
ergiebig, wichtig

4 ärgerlich, ängstlich, endlich,
gewaltig, giftig, salzig

5 diebisch, neidisch, schweigsam, sparsam, sorgsam,
stürmisch, telefonisch, wachsam

6 und **7**

Verb mit -ieren	Nomen mit -tion
organisieren	die Organisation
vibrieren	die Vibration
addieren	die Addition
produzieren	die Produktion
subtrahieren	die Subtraktion
argumentieren	die Argumentation
multiplizieren	die Multiplikation

8 die Organisation: eine Gruppe von Menschen,
die ein gemeinsames Ziel oder eine Aufgabe haben
die Vibration: Schwingung, feine Erschütterung
die Addition: das Zusammenzählen/Plusrechnen
die Produktion: das Herstellen von etwas
die Subtraktion: das Abziehen/Minusrechnen
die Argumentation: Gründe zum Beweis oder
zur Rechtfertigung darlegen
die Multiplikation: das Malnehmen

9 Hauptsatz   Nebensatz

Diese Tiere lebten, als es auf der Erde noch
keine Menschen gab.
Weil der Fundort in Norwegen so ergiebig ist,
werden die Ausgrabungen fortgesetzt.

10 Als es auf der Erde noch keine Menschen gab,
lebten diese Tiere.
Die Ausgrabungen werden fortgesetzt,
weil der Fundort in Norwegen so ergiebig ist.

Seite 72

2 „Kein Grund zur Sorge, Corinna. Sei einfach du
selbst!"

3

Nomen mit -ung	Nomen mit -heit	Nomen mit -keit
die Wohnung	die Gelegenheit	die Müdigkeit
die Verspätung	die Gewohnheit	die Schwierigkeit

4 die Freiheit, die Rettung, die Großzügigkeit,
die Erholung, die Gesundheit, die Ängstlichkeit,
die Krankheit, die Sauberkeit

Seite 73

5 Alle hatten mitgeholfen und waren zu spät schlafen
gegangen.
Corinna gähnte noch einmal und ging ins Bad.

7 Die Mutter wusste aber, dass sie Corinna wecken
musste.

Seite 74

2 *Diese Textstelle hast du sicher markiert:*
Dann können sich Mädchen über Berufe informieren,
die oft als typische Berufe für Männer gelten.

3 Jahr, Feuerwehr, führte, ihre, Erfahrungen,
ungewöhnlichen, Jugendfeuerwehr, zehn

4 ähnlich, die Bahn, berühmt, erzählen, fühlen, ihnen,
das Jahr, mehr, nehmen, sehr, ungefährlich,
der Verkehr, wählen, während, die Wahrheit

Seite 75

5 *Diese Wörter könntest du aufgeschrieben haben:*
ähnlich – die Ähnlichkeit
erzählen – die Erzählung
das Jahr – jährlich
nehmen – die Vernehmung
während – fortwährend

6

Wort mit ä/äu	verwandtes Wort mit a/au
die Männer	der Mann
die Krankenhäuser	das Krankenhaus
die Schläuche	der Schlauch
täglich	der Tag
ängstlich	die Angst

7 Se-ni-o-ren-heim, un-ter-hielt,
be-glei-ten, Es-sen, Prak-ti-kum

Seite 76

2 *Diesen Satz könntest du aufgeschrieben haben:*
Der Einbrecher hat einen Lappen aus der Küche
zum Abwischen der Tür benutzt.

3 b. nach dem Aufbrechen, das Sichern, beim Anfassen,
das Bestäuben, beim Joggen, zum Abwischen

4 *So hast du die Lücken sicher gefüllt:*
Das *Anseilen* in der Kletterhalle macht Elgin Spaß.
In einem Schnupperkurs hatte sie beim *Ausprobieren*
des neuen Sports gleich Feuer gefangen. Mittlerweile
fühlt sie sich auch sicher beim *Fallen*.

5 b. *Diese Zeitangaben hast du sicher zugeordnet:*
<u>Wochentage</u>: am Freitag, am Montag
<u>Tageszeiten</u>: gegen Nachmittag, am nächsten Morgen
<u>Tageszeiten mit -s</u>: nachts, abends, nachmittags
<u>Zusammensetzungen aus Wochentag und Tageszeit</u>:
am Samstagabend

6 als Erste

7 *Mit diesen Zahlwörtern könntest du die Lücken
ergänzt haben:*
In unserer Klasse hat jeder *Zweite*
mehrere Geschwister.
Lotta hat dreimal hintereinander eine *Sechs* gewürfelt.
Sie wurde beim Skirennen *Dritte*.
Der *Erste* bekommt eine Medaille.
Wir müssen unsere Miete zum *Zehnten* des Monats
bezahlen.

8 „Aber es müssen doch Fingerabdrücke da sein",
wendet sich die Kommissarin an den Mann
von der Spurensicherung.
Er entgegnet: „Leider hat der Täter
nach dem Aufbrechen der Tür alles abgewischt."
„Am Montag haben wir den Täter!",
sagt die Kommissarin nachmittags im Büro.

1 *So hast du die Sätze sicher ergänzt:*
Viele Wörter schreiben wir so, wie wir sie sprechen
und hören. Diese Wörter sind *Mitsprechwörter*.
Bei manchen Wörtern hörst du nicht, wie du sie
schreiben musst. Rechtschreibhilfen helfen dir,
diese *Nachdenkwörter* richtig zu schreiben.
Merkwörter sind Wörter, deren Schreibweise du
nicht durch Strategien oder Regeln herleiten kannst.

3 Gewürze (Gliedern); schonend (Verlängern);
Gäste (Ableiten); vielzähligen (Ableiten);
läuft (Ableiten); Abend (Verlängern);
hektischer (Gliedern); Betrieb (Verlängern);
Geduld (Verlängern); Gelassenheit (Wortbaustein);
wichtige (Gliedern); Eigenschaft (Wortbaustein)

4 und **5**
*Diese Nomen hast du sicher unterstrichen und
aufgeschrieben:*
<u>Nomen mit Artikel</u>: ein Praktikum,
einem Umweltverein, die Pflanzenwelt,
den Zuckerahorn, eine Baumart, eine Flüssigkeit,
den Löwenzahn
<u>Nomen mit Adjektiv</u>: verschiedenen Pflanzen,
die zarten Blüten, einen kleinen Setzling
<u>Nomen mit Pronomen</u>: seine Schirmchen,
sein Samen, ihr Wissen
<u>Nomen mit **-heit**, **-keit** oder **-ung**</u>: der Kindheit,
mit Begeisterung
<u>Nomen mit Präposition, die mit einem Artikel
verschmolzen ist</u>: im Garten,
am Montagmorgen, ins Erdreich, beim Verein,
zum Beispiel
<u>Nomen mit Zahlwort</u>: etwas Geld
<u>Nominalisiertes Verb</u>: das Einpflanzen
<u>Nominalisiertes Adjektiv</u>: Neues

6 Niklas ist sehr zufrieden mit seinem Zeugnis, weil er
viele gute Noten hat. Dafür ist er vor allem
seinem Freund Erkan dankbar, der mit ihm gelernt hat.
Niklas ist froh, dass er Erkan in diesem Schuljahr
kennen gelernt hat. Die beiden trafen sich regelmäßig
und lernten dann immer eine Stunde lang
für Mathematik, Englisch oder Deutsch.
Danach gingen sie noch zum Fußballplatz,
um sich auszutoben.

Auswertung:
56–74 Haken: Super!
37–55 Haken: Du kannst noch besser werden.
             Übe weiter.
 0–36 Haken: Übe weiter. Versuche es dann noch
             einmal.

1 *Diese Wörter hast du sicher zugeordnet:*
<u>Nomen</u>: Mitschüler, Jan, Freund, Pause, Timo, Typ,
Sachen, Beispiel, Trommelgruppe, Stadtfest,
Rhythmus, Trommel, Körper
<u>Artikel</u>: der, ein, dem, den
<u>Pronomen</u>: er, keinen, ihm, seiner, sie, ihrer, seinem
<u>Verben</u>: ist, hat, kam, findet, macht, tritt auf,
hat gesehen, konnte, fühlen, wird fragen,
mitmachen kann
<u>Adjektive</u>: neue, einsam, allein, cooler, interessante,
toll
<u>Präpositionen</u>: in, zu, mit, auf

2 *Diese Wortarten könntest du ergänzt haben:*
Konjunktion: und, weil, ob
Adverb: dort, bald

Seite 81

2

	der	das	die
Nominativ	der Junge	das Handy	die Lehrerin
Genitiv	des Jungen	des Handys	der Lehrerin
Dativ	dem Jungen	dem Handy	der Lehrerin
Akkusativ	den Jungen	das Handy	die Lehrerin

3 ein neuer Schüler: Wer ist in Timos Klasse?
(Nominativ)
Musik: Wen oder was hört Jan? (Akkusativ)
seinem Mitschüler: Wem hat er den Ohrhörer
gegeben? (Dativ)
den Ohrhörer: Wen oder was hat er
seinem Mitschüler gegeben? (Akkusativ)
die Musik: Wer oder was hat ihn begeistert?
(Nominativ)
der Trommelgruppe: Von wessen Auftritt hat er ihm
erzählt? (Genitiv)

Seite 82

2 <u>Dieses</u> oder <u>jenes</u> gefällt mir nicht in meinem Zimmer.
Ich könnte vielleicht ein Poster an <u>diese Wand</u>
hängen – oder doch lieber an <u>jene Wand</u>? Soll ich
<u>diesen Rapper</u> auswählen oder besser <u>jenen Spieler</u>,
der das Tor im Endspiel geschossen hat?
<u>Diese Entscheidungen</u> fallen mir wirklich schwer.

3 *So könntest du die Sätze ergänzt haben:*
Sie sang ihren Hit. Mit *diesem* Lied hatte sie
jenen Wettbewerb gewonnen, der in ganz Europa
ausgestrahlt wurde.
Jenen Tag heute vergesse ich genauso wenig wie
diesen Tag, als mein Fahrrad geklaut wurde –
jenes Fahrrad, das ich so sehr mochte.

4 *So könntest du die Sätze ergänzt haben:*
Die Aufgaben, die ich gestern vergessen hatte,
habe ich nun erledigt.
Leider ist jenes T-Shirt, das ich am liebsten trage,
gerade in der Wäsche.
Dieser Weg am Bach entlang ist genauso weit wie
jener durch das Wohngebiet.

Seite 83

2 *Diese Adjektive hast du sicher unterstrichen:*
fröhliches, konzentriert, leise, sympathisch, weich,
unglücklich

3 *Diese Sätze könntest du aufgeschrieben haben:*
Die neue Tischnachbarin wirkt auf Kira fröhlich und
sympathisch. Gleichzeitig wirkt sie aber auch
unglücklich.

4 fröhlich – traurig
konzentriert – unkonzentriert
lang – kurz
leise – laut
sympathisch – unsympathisch
klein – groß
alt – neu
weich – hart
unglücklich – glücklich
wichtig – unwichtig

5 Gestern bekam Kira in der Schule
eine Tischnachbarin. Sie hieß Lilli und hatte
ein trauriges Gesicht. Im Unterricht war Lilli sehr
unkonzentriert. Und in der kurzen Pause antwortete
sie auf Kiras Fragen. Ihre laute Stimme fand Kira
sehr unsympathisch. Lilli erzählte vom Umzug
in die große Stadt und von dem neuen Haus,
in dem sie jetzt wohnten.
„Vermisst du deine Freunde?", fragte Kira. Lillis
Gesicht wurde hart. „Ich bin glücklich, weil ich sie
nicht mehr sehe! Sie waren unwichtig für mich."

6 *Diese Sätze könntest du aufgeschrieben haben:*
Ich finde Kira traurig und unkonzentriert. Besonders
ihre Stimme wirkt auf mich unsympathisch.
Außerdem scheint sie mir sehr hart zu sein.

Seite 84

2 *Diese Sätze könntest du aufgeschrieben haben:*
Chiara ist laut, Sarah ist lauter, Alex ist am lautesten.
Jenni ist nett, Sofie ist netter, Marc ist am nettesten.
Pascal ist witzig, Carolin ist witziger, Elena ist
am witzigsten.
Matteo ist stark, Tobi ist stärker, Tarik ist
am stärksten.

3 *Diese Sätze könntest du aufgeschrieben haben:*
Jasmin ist sportlicher als Juri.
Sarah ist lauter als Chiara.
Sofie ist netter als Jenni.
Carolin ist witziger als Pascal.
Tobi ist stärker als Matteo.

4 *Diese Sätze hast du sicher aufgeschrieben:*
Platz 3 ist gut, Platz 2 ist besser,
Platz 1 ist am besten.
Platz 3 bringt viel Anerkennung,
Platz 2 bringt mehr Anerkennung,
Platz 1 bringt am meisten Anerkennung.

Seite 85

2

	der	das	die
Nominativ	ein netter Typ	ein tolles Aussehen	eine besondere Größe
Dativ	einem engen Freund	einem ernsten Gespräch	einer echten Freundschaft
Akkusativ	einen schlechten Charakter	ein hübsches Gesicht	eine gute Meinung

3 *Diese Sätze könntest du aufgeschrieben haben:*
Ich stelle mir *einen netten Typen*
mit *dunklen Locken* vor.
Die Augenfarbe ist für mich nicht so wichtig.

Seite 86

2 und **3**

	der	das	die
Nominativ	mein kleiner Bruder	mein strahlendes Lächeln	meine strenge Tante
Dativ	meinem scharfen Verstand	meinem freundlichen Gemüt	meiner großen Familie
Akkusativ	meinen tollen Humor	mein neues Fahrrad	meine gute Laune

	der	das	die
Nominativ	ihr kleiner Bruder	ihr strahlendes Lächeln	ihre große Offenheit
Dativ	ihrem scharfen Verstand	ihrem freundlichen Gemüt	ihrer großen Familie
Akkusativ	ihren tollen Humor	ihr neues Fahrrad	ihre gute Laune

4 Vor allem mag ich seinen tollen Humor.
Ganz besonders gefällt mir sein strahlendes Lächeln.
Seine große Offenheit macht ihn überall beliebt.
Und seinem scharfen Verstand entgeht nichts:
Als jemand mein neues Fahrrad beschädigte,
fand er schnell heraus, wer es war. Tom gefällt
auch meiner großen Familie sehr gut.
Sogar mein kleiner Bruder hat ihn gern.
Und meine strenge Tante findet seine gute Laune
ansteckend.

Seite 87

2 Nominativ: Wer trainiert für den Sponsorenlauf?
die Schülerinnen und Schüler
Genitiv: Wessen Einnahmen sind
für einen guten Zweck bestimmt? des Laufs
Dativ: Wem zahlen die Sponsoren pro Runde
einen Euro? den Schülern
Akkusativ: Wen oder was wollen deshalb alle
möglichst schaffen? viele Runden

3 *Diese Demonstrativpronomen hast du sicher eingesetzt:*
Diese/Jene/Die Sporttasche gefällt mir besser
als *jene/diese/die*.
Das/Dies liegt an den schönen Farben. Wem *die* wohl
gehört?

4 *Diese Sätze könntest du aufgeschrieben haben:*
Sporttasche 1 ist groß, Sporttasche 2 ist größer,
Sporttasche 3 ist am größten.
Lineal 1 ist lang, Lineal 2 ist länger, Lineal 3 ist
am längsten.
Portfolio 1 ist dick, Portfolio 2 ist dicker, Portfolio 3
ist am dicksten.

5 *Diese Sätze könntest du aufgeschrieben haben:*
Paul ist witziger als Kevin. Bennett ist witziger
als Paul.
Alex ist kreativer als Kim. Anna ist kreativer als Alex.

Auswertung:
17–21 Haken: Super!
11–16 Haken: Du kannst noch besser werden.
Übe weiter.
0–10 Haken: Übe weiter. Versuche es dann noch
einmal.

1 Endlich hatte Felix Till gefunden. *Plusquamperfekt*
Ich fand euer Spiel super! *Präteritum*
Interessierst du dich für unseren Verein? *Präsens*
Hast du schon einmal Fußball gespielt? *Perfekt*
Du wirst sicher bald zu unserer Mannschaft gehören.
Futur

2 „Ich spiele gern Fußball. Am liebsten stehe ich im Tor.
Dort bin ich richtig gut. Sogar einen Elfmeter halte ich
hin und wieder ab."

3 „Das *hört* sich gut *an*. Wir *brauchen* einen Torwart.
Unser Trainer *schaut* sich dein Können gern *an*."

4 Ich freundete mich mit Till an. Am nächsten Tag nahm
er mich mit zu seiner Mannschaft und ich verstand
mich sofort mit allen. Der Trainer spielte mir
ein paar Bälle zu und ich schoss sie problemlos
zurück.

5 Von nun an *ging* ich jeden Donnerstag zum Training.
In der Mannschaft *fand* ich viele Freunde.
Samstags *spielten* wir oft ein Turnier.

6 „Ich habe mich mit Till angefreundet.
Am nächsten Tag hat er mich mit zu seiner
Mannschaft genommen und ich habe mich sofort mit
allen verstanden. Der Trainer hat mir ein paar Bälle
zugespielt und ich habe sie problemlos
zurückgeschossen."

7 *Diese Sätze könntest du aufgeschrieben haben:*
Am letzten Wochenende haben wir den Pokal
gewonnen.
In der letzten Minute hat Till ein Tor geschossen.

8 Felix hatte sich Freunde gewünscht.
Nachmittags war er oft zum Bolzplatz gegangen.
Aber dort war er allein herumgesessen.
Seine Eltern hatten davon nichts bemerkt.

9 Felix *hatte* sich einsam *gefühlt*.
Er *war* auch nicht gern zur Schule *gegangen*.
In der Pause *hatte* er niemanden zum Reden *gehabt*.

10 Ich werde morgen nach der Schule auf Lisa warten.
Auf dem Weg zur Bushaltestelle werde ich sie
ansprechen. Vielleicht werden wir im Bus
nebeneinander sitzen. Dann werde ich sie
zu einem Eis einladen.

11 Lisa *wird* sich bestimmt *freuen*.
Wir *werden* viel Spaß zusammen *haben*.
Bald *werde* ich sie auch zu meinen Freunden
mitnehmen.

2 Der AG-Leiter macht den Schülerinnen und Schülern
Mut: „Bis zum Auftritt werden wir das Stück gut
einstudiert haben.
Ihr werdet das nötige Vertrauen in eure Fähigkeiten
gefunden haben.
Jeder von euch wird seine Rolle auswendig gelernt
haben. Das Bühnenbild wird toll gestaltet sein.
Wir werden alles gut organisiert haben."

3 Caspar wird als Erster aufgetreten sein.
Frederic und Kathi werden in der Pause Getränke
verkauft haben.
Die Aufführung wird die Zuschauer begeistert haben.
Eine Mitschülerin wird sich beim AG-Leiter bedankt
haben.
Die Schülerinnen und Schüler werden zufrieden
nach Hause gegangen sein.
Die Anspannung wird von ihnen abgefallen sein.

2 und **3**
*Diese Verben hast du sicher unterstrichen
und aufgeschrieben:*
schwingt sich, fragt sich, sprechen sich Mut zu,
schminken sich, sich kümmern, sich beeilen,
strengt sich an, konzentriert sich, freuen sich

4 *Diese Sätze könnest du aufgeschrieben haben:*
Die Schwalbe schwingt sich in die Luft.
Ich frage mich, ob das richtig ist.
Die Fußballspieler sprechen sich Mut zu.
Meine Mutter schminkt sich jeden Morgen.
Ich kümmere mich um meine Katze.
Beeilst du dich bitte?
Die Schülerin strengt sich im Deutschunterricht an.
Ich konzentriere mich auf die Aufgabe.
Die meisten freuen sich auf ihren Geburtstag.

5 *Diese Sätze könnest du aufgeschrieben haben:*
Die Schwalben schwingen sich in die Luft.
Du fragst dich, ob das richtig ist.
Die Fußballspielerin spricht sich Mut zu.
Ich schminke mich jeden Morgen.
Kümmerst du dich um meine Katze?
Ich beeile mich.
Du strengst dich im Deutschunterricht an.
Er konzentriert sich auf die Aufgabe.
Ich freue mich auf meinen Geburtstag.

1 b. *Diese Verbformen hast du sicher unterstrichen:*
Nick: Welches Holz <u>braucht</u> man für ein Lagerfeuer?
Herr Koll: Am besten <u>sucht</u> man Holz, das schon
längere Zeit an der Luft <u>gelegen hat</u>. Besonders
geeignet <u>sind</u> Äste und Zweige, die noch nicht morsch
<u>sind</u>. Man <u>braucht</u> vor allem Holzstücke
in verschiedenen Größen, damit das Lagerfeuer
lange <u>brennt</u>.
Ronja: Was <u>gibt</u> es noch <u>zu beachten</u>?
Herr Koll: Ein Feuer <u>ist</u> immer gefährlich, vor allem
im Wald. Man <u>wählt</u> eine Feuerstelle immer sehr
sorgfältig. Ein Feuer <u>darf</u> nämlich nur an sicheren
Plätzen <u>brennen</u>. Außerdem <u>muss</u> man das Feuer
die ganze Zeit <u>bewachen</u>.
Nick: Wie <u>löscht</u> man ein Feuer am Ende denn
am besten?
Herr Koll: Ich <u>stelle</u> immer einen Eimer mit Wasser
oder Sand in die Nähe des Feuers.

2 *Diese Sätze hast du sicher markiert und
die Verbformen unterstrichen:*
Wir sprachen zuerst darüber, welches Holz man für
ein Lagerfeuer braucht. Herr Koll sagte, am besten
<u>suche</u> man Holz, das schon längere Zeit an der Luft
<u>gelegen habe</u>. Besonders geeignet <u>seien</u> Äste
und Zweige, die noch nicht morsch <u>seien</u>.
Man <u>brauche</u> vor allem Holzstücke in verschiedenen
Größen, damit das Lagerfeuer lange <u>brenne</u>.

3 *Diese Verbformen hast du sicher ergänzt:*
Ich fragte, was es noch zu beachten *gebe*. Darauf
erwiderte Herr Koll, ein Feuer *sei* immer gefährlich,
vor allem im Wald. Man *wähle* eine Feuerstelle immer
sehr sorgfältig. Ein Feuer *dürfe* nämlich nur
an sicheren Plätzen brennen. Außerdem *müsse* man
es die ganze Zeit bewachen. Abschließend
erkundigte sich Nick, wie man ein Feuer am Ende
am besten *lösche*. Herr Koll sagte, er *stelle* immer
einen Eimer mit Wasser oder Sand in die Nähe
des Feuers.

4 *Diese Verbformen hast du sicher unterstrichen:*
Zum Anzünden des Lagerfeuers <u>braucht</u> man leicht
brennbares Material. Dazu <u>nimmt</u> man am besten
ein paar kleine, sehr trockene Stöckchen. Besonders
gut <u>funktioniert</u> es auch mit trockener Rinde
von Birken. Die <u>reißt</u> man aber nicht vom Baum,
sondern man <u>sucht</u> sie auf dem Waldboden.
Man <u>kann</u> aber auch auf handelsübliche Grillanzünder
zurückgreifen.

5 *Diese Sätze könntest du aufgeschrieben haben:*
Der Förster sagte, zum Anzünden des Lagerfeuers
brauche man leicht brennbares Material.
Dazu nehme man am besten ein paar kleine,
sehr trockene Stöckchen. Besonders gut funktioniere
es auch mit trockener Rinde von Birken.
Die reiße man aber nicht vom Baum, sondern man
suche sie auf dem Waldboden. Man könne
aber auch auf handelsübliche Grillanzünder
zurückgreifen.

1 *Diese Verbformen hast du sicher unterstrichen:*
Ach, <u>gelänge</u> mir heute endlich ein Tor!
Wenn wir alle in diesem Spiel unser Bestes <u>gäben</u>,
dann <u>wären</u> wir heute bestimmt die Sieger.
<u>Kämen</u> unsere Stürmer heute gut zum Zug und
<u>schössen</u> viele Tore!
Bei einem Sieg <u>bekämen</u> wir endlich mal wieder Lob
vom Trainer.

2

Verb im Infinitiv	Verbform im Präteritum	Verbform im Konjunktiv II
gelingen	es gelang	es gelänge
geben	wir gaben	wir gäben
sein	wir waren	wir wären
kommen	sie kamen	sie kämen
schießen	sie schossen	sie schössen
bekommen	wir bekamen	wir bekämen

3

Verb im Infinitiv	Verbform im Präteritum	Verbform im Konjunktiv II
fliegen	sie flogen	sie flögen
nehmen	ich nahm	ich nähme
haben	du hattest	du hättest
sitzen	er saß	er säße
singen	wir sangen	wir sängen
finden	ich fand	ich fände

4 Ich *wäre* so gern die beste Spielerin
auf dem Spielfeld.
Beim Fußballspielen *hätte* ich immer sehr viel Spaß.
Meine Schüsse *flögen* so weit wie keine anderen.
Alle meine Freunde *fänden* mich großartig.
Bei jedem Tor *sängen* sie mir ein Loblied.
Ich *wüsste* immer den besten Spielzug.

5 Marvin: Ich *wäre* so gerne ein super Stürmer.
Pia: Ich *gäbe* Autogramme als Nationalspielerin.
Onur: Ich *säße* nie auf der Ersatzbank.
Fina: Wir *trügen* die coolsten Fußballschuhe.
Robert: Mich *sähen* viele Zuschauer
in der Sportschau.

Seite 96

1 b. *Diese Verbformen hast du sicher unterstrichen:*
Anleitung zum Aufbau eines Zeltes – Teil 1
Zuerst wird der Untergrund auf Unebenheiten oder
spitze Gegenstände geprüft, denn sonst wird
der Zeltboden vielleicht beschädigt. Danach wird
der Aufbau des Zeltes vorbereitet. Als Erstes wird
das Gestänge entfaltet. Es wird am besten
erst einmal neben den Aufstellplatz gelegt. So bleibt
genügend Platz für den Aufbau. In der Zeltplane
befinden sich Stoffkanäle. Die Stangen werden
in die Kanäle hineingeschoben. Dabei wird
Geschicklichkeit gebraucht. Andernfalls werden
die Stoffkanäle vielleicht durchstoßen.

2 *So könnte dein zweiter Teil der Anleitung aussehen:*
Anleitung zum Aufbau eines Zeltes – Teil 2
Daraufhin wird das Zelt aufgerichtet. Dazu wird
das Zelt straff gezogen. Dann wird das Zelt
mit den Erdnägeln im Boden verankert.
Dabei werden die Leinen so weit weg vom Zelt
wie möglich gespannt. Anschließend werden
die Erdnägel mit einem Stein beschwert.

Seite 97

2 *Diese Verbformen hast du sicher unterstrichen:*
Zuerst wird der Untergrund abgesucht. Danach wird
das Gestänge vorbereitet und in Reichweite gelegt.
Dann wird das Zelt zu zweit festgehalten und es
werden die Stangen in die Stoffkanäle geschoben.
Anschließend wird das Zelt zu viert aufgehoben und
es wird ausgerichtet. Dazu braucht man Schnelligkeit
und Kraft. Das Zelt wird von zwei Personen gehalten.
Die anderen beiden spannen die Leinen.
Zuletzt werden die Erdnägel
mit einem Gummihammer in den Boden geklopft.

3 Zuerst wurde der Untergrund abgesucht. Danach
wurde das Gestänge vorbereitet und in Reichweite
gelegt. Dann wurde das Zelt zu zweit festgehalten und
es wurden die Stangen in die Stoffkanäle geschoben.
Anschließend wurde das Zelt zu viert aufgehoben und
es wurde ausgerichtet. Dazu braucht man
Schnelligkeit und Kraft. Das Zelt wurde
von zwei Personen gehalten. Die anderen beiden
spannten die Leinen. Zuletzt wurden die Erdnägel
mit einem Gummihammer in den Boden geklopft.

4 *So könnte könnte deine Fortsetzung des Textes
aussehen:*
Anschließend wurde das Gepäck ins Zelt getragen.
Daraufhin wurden die Isomatten im Zelt ausgebreitet.
Zuletzt wurden die Taschenlampen bereitgelegt.

Seite 98

2

Präsens	Infinitiv
ist	sein
steht fest	feststehen
sitzt	sitzen
Präteritum	**Infinitiv**
kannten	kennen
holte	holen
wurde geboren	geboren werden
Perfekt	**Infinitiv**
hat gegeben	geben
hat erreicht	erreichen
Plusquamperfekt	**Infinitiv**
war gewesen	sein
Futur	**Infinitiv**
wird schießen	schießen
wird eingehen	eingehen

3 In Deutschland hat es einige herausragende Fußballer
gegeben.
In Deutschland gab es einige herausragende
Fußballer.
In Deutschland hatte es einige herausragende
Fußballer gegeben.
In Deutschland wird es einige herausragende
Fußballer geben.

Auswertung:
15–19 Haken: Super!
10–14 Haken: Du kannst noch besser werden.
Übe weiter.
0–9 Haken: Übe weiter. Versuche es dann noch
einmal.

Seite 99

1 *So hast du den Satz sicher ergänzt:*
Das Passiv bildet man mit dem Hilfsverb *werden*.

2 Bei einem Lagerfeuer *wird* die Feuerstelle nach bestimmten Regeln *eingerichtet*. Die Feuerstelle *wird* am besten mit Steinen *eingerahmt*. Holzstücke und andere brennbare Materialien *werden gesammelt*. Sorgfältig *wird* das Brennmaterial in der Feuerstelle *aufgeschichtet*.
Bei dickerem Holz *werden* am besten nur sehr trockene Stücke *verwendet*. In einem Lagerfeuer *wird* kein Müll *verbrannt*.

3 *So hast du den Satz sicher ergänzt:*
Bei der indirekten Rede verwendet man den *Konjunktiv I*.

4 Nick sagte, das Lagerfeuer *sei* bald erloschen.
Ronja erwiderte, Tom *bringe* schon Nachschub.
Nick bemerkte, dann *könne* Tom gleich Holz nachlegen.

5 *So hast du den Satz sicher ergänzt:*
Der Konjunktiv II wird vom *Präteritum* abgeleitet.

6 Ich *säße* so gern mit meinen Freunden am Lagerfeuer.
Dort *äßen* wir Grillwürste und *tränken* Sirup.

Auswertung:
16–21 Haken: Super!
11–15 Haken: Du kannst noch besser werden. Übe weiter.
 0–10 Haken: Übe weiter. Versuche es dann noch einmal.

Seite 100

2 mit der Straßenbahn fahren, bei einem Freund feiern, von dem Jungen bekommen, nach dem Fest lächeln, zu der Haltestelle begleiten

3 Juri möchte pünktlich *bei dem Konzert* sein.
Im Bus erzählt er seiner Sitznachbarin *von der Band*.
Sie lacht, denn sie will auch *zu dem Konzert*.
Juri steigt zusammen mit dem Mädchen *aus dem Bus*.
Sie verabredet sich mit ihm *nach der Veranstaltung*.

4 *Diese Sätze könntest du aufgeschrieben haben:*
Lasst uns mit den Freundinnen ins Kino gehen!
Fahren wir mit dem Bus!
Ich möchte dir von einer Bekannten erzählen.
Wollen wir nach dem Kino telefonieren?
Können wir uns bei der Haltestelle treffen?
Vor Freude werden wir bei der Heimfahrt singen.
Ich bekomme ein Lob von der Lehrerin.
Machst du noch Urlaub mit den Eltern?
Lass uns nach der Schule treffen!

Seite 101

2 für einen Freund suchen, durch die Stadt gehen, um die Ecke biegen, gegen die CD sprechen

3 Nina verpackt das Geschenk *für die Party*.
Auf der Feier klopft Erkan *gegen die Verpackung*.
Dass es eine CD ist, erkennt er *durch die Form*.
Leider hat er die CD schon. Aber im Laden bekommt er einen Gutschein im Austausch *gegen die CD*.
Das funktioniert allerdings nicht *ohne den Kassenbon*.

4 *Diese Sätze könntest du aufgeschrieben haben:*
Suse will für ihren Freund singen.
Micha wird gegen seinen Willen tanzen.
Paul kann ohne sein Geschenk kommen.

Seite 102

2 a. Wer plant drei spannende Projekte? die Klasse 7 c
Wer schlägt ein Zirkusprojekt vor? Dorina
Wer wartet aufgeregt auf das Interview mit einem Zauberer? sie
Wer plant einen Ausflug in den Stadtwald? die Waldprojekt-Gruppe
Wer gehört zur Gruppe Krimiwerkstatt? Timo und Sina
Wer ruft bei einer Polizeidienststelle an? die Gruppe

b. siehe unten bei **3** b.

3 a. Was tut die Klasse 7 c? Sie plant.
Was tut Dorina? Sie schlägt vor.
Was tut sie? Sie wartet.
Was tut die Waldprojekt-Gruppe? Sie plant.
Was tun Timo und Sina? Sie gehören zur Gruppe Krimiwerkstatt.
Was tut die Gruppe? Sie ruft an.

b. Die Klasse 7 c (plant) drei spannende Projekte.
Dorina (schlägt) ein Zirkusprojekt (vor). Sie (wartet) aufgeregt auf das Interview mit einem Zauberer.
Die Waldprojekt-Gruppe (plant) einen Ausflug in den Stadtwald. Timo und Sina (gehören) zur Gruppe Krimiwerkstatt.
Die Gruppe (ruft) bei einer Polizeidienststelle (an).

4 b.
1. Was zeigte ein Clown den Schülerinnen und
   Schülern? den Zirkus
   Wem zeigte ein Clown den Zirkus?
   den Schülerinnen und Schülern
2. Wen oder was besichtigten sie auch?
   einen Wohnwagen
3. Wem begegneten sie dort? dem Zauberer
4. Wem zeigte der Zauberer einige Tricks?
   den Besuchern
   Wen oder was zeigte der Zauberer den Besuchern?
   einige Tricks
5. Wessen bediente er sich dabei?
   seines Zauberstabes

c.
1. Ein Clown zeigte den Schülerinnen und Schülern
   den Zirkus.
2. Sie besichtigten auch einen Wohnwagen.
3. Dort begegneten sie dem Zauberer.
4. Der Zauberer zeigte den Besuchern einige Tricks.
5. Er bediente sich dabei seines Zauberstabes.

5 *Diese Sätze könntest du aufgeschrieben haben:*
Die Schüler (stellen) dem Förster eine Frage.
Die Schautafeln (liefern) den Schülern
viele Informationen.
Der Förster (zeigt) den Schülern den Wald.

Seite 103

1 b. Wann trifft sich die Projektgruppe Krimiwerkstatt
in einer Bibliothek? zur gleichen Zeit
Wo trifft sich zur gleichen Zeit die Projektgruppe
Krimiwerkstatt? in einer Bibliothek
Wo stellt die Bibliothekarin ihnen die neuesten Krimis
vor? im Leseraum
Wie lange dauert die Buchvorstellung? zwei Stunden
Wann wollen die Schülerinnen und Schüler noch
einen echten Kommissar kennen lernen? danach
Wann sind sie mit ihm in der Dienststelle verabredet?
um 13:00 Uhr
Wo sind sie um 13:00 Uhr mit ihm verabredet?
in der Dienststelle
Wann kann sich die Gruppe deshalb erst mit ihm
treffen? am nächsten Tag

c. Zur gleichen Zeit trifft sich die Projektgruppe
Krimiwerkstatt in einer Bibliothek. Die Bibliothekarin
stellt ihnen im Leseraum die neuesten Krimis vor. Die
Buchvorstellung dauert zwei Stunden. Danach wollen
die Schülerinnen und Schüler noch einen echten
Kommissar kennen lernen. Sie sind um 13:00 Uhr mit
ihm in der Dienststelle verabredet. Der Kommissar
hat aber keine Zeit. Deshalb kann sich die Gruppe
erst am nächsten Tag mit ihm treffen.

Seite 104

2 Warum treffen sich die einzelnen Gruppen?
zur Auswertung
Wie stellen die Gruppensprecher die Ergebnisse vor?
ausführlich
Wie hören die anderen Gruppenmitglieder zu?
aufmerksam
Warum dauert die Auswertung lange?
wegen der vielen Projekte
Wie bleiben alle Schülerinnen und Schüler
bei der Sache? motiviert
Wie verkündet die Lehrerin das Ende
der Projektwoche? zufrieden

3 b. adverbiale Bestimmung des Ortes
adverbiale Bestimmung der Zeit
Die Schülerinnen und Schüler gehen nach Hause.
Alle haben in den letzten Tagen geforscht.
Nächstes Jahr soll die Projektwoche wieder
stattfinden.
Sina und Zerdest denken sich nachmittags schon
neue Projektideen aus.

c. *Diese Sätze könntest du aufgeschrieben haben:*
Traurig gehen die Schülerinnen und Schüler
nach Hause.
Wegen der guten Organisation haben alle
in den letzten Tagen begeistert und aufmerksam
geforscht.
Auf Grund des Erfolgs soll die Projektwoche
nächstes Jahr wieder stattfinden.
Sina und Zerdest denken sich nachmittags
schon eifrig neue Projektideen aus.

4 *Diese Sätze könntest du aufgeschrieben haben:*
Die Schülerinnen und Schüler gehen traurig
nach Hause.
Begeistert und aufmerksam haben
in den letzten Tagen alle
wegen der guten Organisation geforscht.
Die Projektwoche soll auf Grund des Erfolgs
nächstes Jahr wieder stattfinden.
Nachmittags denken Sina und Zerdest sich schon
eifrig neue Projektideen aus.

1 b. Was freut alle Schülerinnen und Schüler?
Dass die Projektwoche wiederholt wird.
Was motiviert sie? Dass jeder Ideen für neue Projekte einbringen kann.
Was ärgert Gustav? Dass sein Vorschlag keine Zustimmung findet.

c.

| Dass die Projektwoche wiederholt wird |, freut

alle Schülerinnen und Schüler.

| Dass jeder Ideen für neue Projekte einbringen kann |,

motiviert sie.

Gustav ärgert,

| dass sein Vorschlag keine Zustimmung findet |.

2 b. Was hofft Tom? Dass es ein Projekt zum Thema Mittelalter gibt.
Was wünscht sich Annika? Dass dann mittelalterliche Speisen gekocht werden.
Was verkündet Ebrar? Dass sie wieder Gruppensprecherin werden möchte.

c. Tom hofft,

| dass es ein Projekt zum Thema Mittelalter gibt |.

Annika wünscht sich,

| dass dann mittelalterliche Speisen gekocht werden |.

Ebrar verkündet,

| dass sie wieder Gruppensprecherin werden möchte |.

3 Subjektsatz Objektsatz
Die Schülerinnen und Schüler erfahren,
dass ein Umweltprojekt geplant ist.
Die Lehrerin sagt, dass sie beim Naturschutzbund nach Informationen gefragt hat.
Dass sie noch keine Antwort erhalten hat, wundert sie aber.

1 b.
Nach der Projektwoche (sammeln)
die Schülerinnen und Schüler | neue Ideen |.
„Vielleicht (besuchen) wir auch mal
| ein Abenteuer-Camp |?"
| Die Lehrerin | (findet) | die Idee | prima.
| Sie | (bittet) | Timo |, zu recherchieren.
| Sina | (hilft) | ihm | dabei. | Die beiden | (entdecken)
im Internet | ein tolles Abenteuer-Camp |.
| Timo | (zeigt) | es | der Lehrerin |.
| Er | (will) noch weiter recherchieren. | Sinas Hilfe | (ist)
| er | sich dabei sicher.

c. Akkusativobjekt: neue Ideen, ein Abenteuer-Camp, die Idee, Timo, ein tolles Abenteuer-Camp, es
Dativobjekt: ihm, der Lehrerin
Genitivobjekt: Sinas Hilfe

2 b. Timo und Sina gehen in ein Reisebüro. Dort finden sie interessante Prospekte über Abenteuer-Camps.
Die beiden sind wegen der großen Auswahl begeistert. Nach einer halben Stunde nehmen sie einen ganzen Stapel Prospekte mit.
Zu Hause arbeiten sie das Material zwei Stunden lang gründlich durch.
Am nächsten Tag wollen sie der Klasse ausführlich von den Camps berichten.

c. adverbiale Bestimmung des Ortes:
in ein Reisebüro, Dort, Zu Hause
adverbiale Bestimmung der Zeit: Nach einer halben Stunde, zwei Stunden lang, Am nächsten Tag
adverbiale Bestimmung des Grundes:
wegen der großen Auswahl
adverbiale Bestimmung der Art und Weise:
gründlich, ausführlich

3 Sina und Timo hoffen,
dass sie die Klasse begeistern können. | Objektsatz |

Dass sie sich gut informiert haben,
gefällt den Mitschülern. | Subjektsatz |

Auswertung:
43–56 Haken: Super!
28–42 Haken: Du kannst noch besser werden.
                      Übe weiter.
  0–27 Haken: Übe weiter. Versuche es dann noch
                      einmal.

⊙ **1** Sophia <u>schlägt</u> ein Musik-Projekt vor, | denn | sie <u>spielt</u> Schlagzeug.

Hektor <u>will</u> in eine Gärtnerei, | aber | er <u>interessiert</u> sich auch für eine Baumschule.

2 *Diese Sätze könntest du aufgeschrieben haben:*

Chiara <u>interessiert</u> sich nicht für Pflanzen, | sondern | sie <u>fände</u> ein Projekt zu Tieren toll.

Marlene <u>freut</u> sich, | denn | ihre Projektidee <u>kommt</u> gut <u>an</u>.

Umut <u>meldet</u> sich nicht, | aber | er <u>sollte</u> auch ein Thema vorschlagen.

⊙ **3** *Diese Satzreihe könntest du aufgeschrieben haben:*

Die Schüler <u>haben</u> viele Ideen | und | sie <u>wollen</u> diese jetzt auch schnell umsetzen.

⊙ **1** Hauptsatz   Nebensatz

<u>Ich nahm an der Krimiwerkstatt teil</u>,
| weil | <u>ich Krimis spannend finde</u>.

| Da | <u>wir auch ein Krimi-Theaterstück schreiben wollten</u>, <u>lernten wir zuerst die wichtigsten Merkmale eines Krimis kennen</u>.

2 *Diese Sätze könntest du aufgeschrieben haben:*
Wir besuchten das Polizeipräsidium,
weil wir einen echten Kommissar sprechen wollten.
Ich war dankbar für die Erklärungen,
da ich sie für meinen Teil des Krimistücks brauchte.

3 *Diese Sätze könntest du aufgeschrieben haben:*
| Weil | wir einen echten Kommissar sprechen <u>wollten</u>,
besuchten wir das Polizeipräsidium.
| Da | ich sie für meinen Teil des Krimistücks <u>brauchte</u>,
war ich dankbar für die Erklärungen.

⊙ **4** *Diese Sätze könntest du aufgeschrieben haben:*
Die Arbeit des Kommissars ist spannend,
da jeden Tag etwas Neues passiert.
Lena möchte nicht Kommissarin werden,
weil sie lieber mit Tieren arbeiten möchte.

⊙ **5** Hauptsatz   Nebensatz

| Wenn | <u>man sich angemeldet hat</u>, <u>wird man</u> in einen Präsentationsraum geführt.

<u>Der Kommissar muss die Besucher allein lassen</u>,
| wenn | <u>ein wichtiger Anruf kommt</u>.

| Wenn | <u>man sich traut</u>, <u>darf man sich am Schluss</u> in die Arrestzelle einschließen lassen.

6 Wenn der Kommissar einen Kriminalfall lösen muss,
macht er viele Überstunden.
Wenn Zeugen den Täter gesehen haben, können sie
ihn beschreiben.
Wenn es keine heiße Spur gibt, kann die Auflösung
des Falls lange dauern.

⊙ **7** *Diese Sätze könntest du aufgeschrieben haben:*
Der Kommissar freut sich, wenn die Schüler
Interesse zeigen.
Die Schülerinnen und Schüler sind aufmerksam,
wenn der Kommissar von spannenden Fällen
berichtet.

⊙ **8** Hauptsatz   Nebensatz

<u>Ich machte die Übung am Trapez</u>, | obwohl | <u>ich ein bisschen Angst hatte</u>.

<u>Pauls kleiner Bruder wälzte sich in den Sägespänen auf dem Boden der Manege</u>, | obwohl | <u>er dabei dauernd niesen musste</u>.

<u>Eva und Arkan gelang ihre Zaubervorführung</u>,
| obwohl | <u>sie nicht sehr oft geübt hatten</u>.

9 *Zwei dieser Sätze hast du sicher so umgestellt:*
Obwohl ich ein bisschen Angst hatte, machte ich
die Übung am Trapez.
Obwohl er dabei dauernd niesen musste, wälzte sich
Pauls kleiner Bruder in den Sägespänen
auf dem Boden der Manege.
Obwohl sie nicht sehr oft geübt hatten, gelang Eva
und Arkan ihre Zaubervorführung.

1 *So hast du die Nummern sicher in die Bilder eingetragen:*
Bild links: 2 (oben), 1 (Mitte), 3 (unten)
Bild rechts: 5 (oben), 4 (Mitte), 6 (unten)

2 *Diese Sätze könntest du aufgeschrieben haben:*

Ilonka gehört der Laptop, der weiß ist.

Ilonka gehört die CD-Box, die grün ist.

Alex gehört das Headset, das weiß ist.

Ilonka gehört das Headset, das blau ist.

Alex gehört der Laptop, der schwarz ist.

Alex gehört die CD-Box, die gelb ist.

3 *Diese Sätze könntest du aufgeschrieben haben:*
Mike will sein Handy, das neu ist, ausprobieren.
Er schreibt an seinen Freund,
der sein bester Kumpel ist, eine Kurznachricht.

1 Die Klasse wurde aufgeteilt, denn jeder durfte sich
ein Projekt aussuchen.
Rafik möchte beim Zirkusprojekt mitmachen,
aber es ist kein Platz mehr frei.

2 *Diese Satzgefüge könntest du aufgeschrieben haben:*
Dorina nahm am Zirkusprojekt teil,
weil sie eine Clownsnummer vorführen wollte.
Timo freute sich auf das Kriminalprojekt,
da er dabei einen echten Kommissar traf.

3 Wenn alle da sind, macht sich die Klasse auf den Weg
zum Zirkus.
Wenn alles wie geplant läuft, treffen die Schülerinnen
und Schüler zuerst die Akrobaten.

4 Ich machte viele Fotos von Käfern, obwohl ich früher
Käfer nicht leiden konnte.
Wir blieben lange im Wald, obwohl das Wetter
schlecht war.

5 Pia hat Blätter gesammelt, die sie in den Rucksack
packt.

Auswertung:
9–10 Haken: Super!
6–8 Haken: Du kannst noch besser werden.
            Übe weiter.
0–5 Haken: Übe weiter. Versuche es dann noch
            einmal.

Der Textknacker

Einen Sachtext mit Grafik erschließen

Der Textknacker hilft dir, den Sachtext auf den Seiten 5 und 6 zu verstehen.

1. Schritt: Vor dem Lesen

1 Was weißt du schon über den Luchs?
Sammle dazu Stichworte in einem Cluster in deinem Heft.

Die Bilder und die Überschrift erzählen dir viel, bevor du mit dem Lesen anfängst.

2 **a.** Sieh dir die Bilder neben dem Text auf den Seiten 5 und 6 genau an.
b. Beschreibe die Bilder in ganzen Sätzen.

3 **a.** Lies die Überschrift des Textes.
b. Welche Informationen erwartest du in dem Text. Notiere Stichworte.

2. Schritt: Das erste Lesen

4 Bevor du den Text liest, kannst du ihn überfliegen.

   a. Überfliege den Sachtext.

   b. Welche Wörter oder Wortgruppen sind dir beim Überfliegen aufgefallen?
   Schreibe sie auf.

_____

_____

_____

_____

_____

5 Überprüfe deine Vermutung aus Aufgabe 3 b und schreibe auf,
worum es in dem Text geht.

_____

_____

_____

Der Luchs in Deutschland Volker Thomas

1 _____

Er hört dich, lange bevor du ihn bemerkst. Seine Ohren sind so gut,
dass er noch in 50 Meter Entfernung das Rascheln einer Maus wahrnimmt.
Der Luchs ist ein Jäger, der sich auf sein Gehör verlässt. Nicht umsonst heißt es:
„Ohren haben wie ein Luchs."

2 _____

5 Bis 1960 galt der Luchs in ganz Europa als ausgerottet.
Seit rund 15 Jahren werden die hochbeinigen, eleganten Raubtiere in Deutschland
allerdings wieder öfter gesichtet. Sie sind neben Bär und Wolf die größten Raubtiere,
die in Europa vorkommen.
Luchse gehören zur Familie der Katzen. Mit einer Körperlänge
10 von 80 bis 110 Zentimetern und einer Schulterhöhe von über 50 Zentimetern
übertrifft der Luchs allerdings jede Hauskatze. Seine Beine sind lang gestreckt,
wobei die Vorderbeine kürzer sind als die Hinterbeine. So kann er blitzschnell
zu seiner Beute sprinten.
Dabei wird er bis zu 70 Kilometer in der Stunde schnell.
15 Seine scharfen Krallen lassen der Beute keine Chance. Und seine breiten Pfoten
sorgen dafür, dass er im Winter erfolgreich jagen kann, weil er nicht so tief
in den Schnee einsinkt.

3

Nachts und am frühen Morgen jagen Luchse am liebsten. Bewegungslos lauern sie
bevorzugt an Wildwechseln[1] ihrer Beute auf, springen sie überraschend
20 aus kurzer Entfernung an und beißen zu. Beutetiere sind je nach Lebensraum
Kaninchen, Rotfüchse, junge Wildschweine, Murmeltiere, Mäuse und Eichhörnchen.
Am liebsten schlägt[2] der Luchs Rehe. Dann legt er einen „Riss"[3] an: Der Kadaver wird
unter Zweigen versteckt und im Laufe der nächsten Nächte gefressen.

4

In Deutschland ist der Luchs stark gefährdet.
25 Ohne den Menschen kehren die Luchse nicht in die freie Wildbahn zurück.
Diese Erkenntnis hat dazu geführt, dass im Nationalpark Harz und in Bayern
sogenannte Luchsprojekte entstanden sind. Naturschutzverbände, Umweltministerien,
Jäger und Forstbeamte kümmern sich gemeinsam um die Wiederansiedlung
der Raubkatzen. Finanziert werden die Projekte durch Stiftungen und EU-Mittel.
30 Es geht darum, das Vorkommen der Luchse möglichst genau zu erfassen und
ihre Entwicklung zu beobachten. Unter den Jägern gibt es Luchsbeauftragte,
die Hinweise in ihrem Revier aufnehmen, überprüfen und
an die Nationalparkverwaltung oder die Landesjagdverbände weiterleiten.

5

Außerdem haben Forscher Luchse in Kastenfallen oder per Schlinge
35 gefangen, mit einem Blasrohr betäubt und mit Funkhalsbändern
ausgestattet. So können sie die Wege der Tiere verfolgen. Das Senderhalsband
funktioniert ähnlich wie ein Pkw-Navigationsgerät. Über Satelliten
bestimmt es seine Position selbstständig, speichert die Daten und sendet sie
per Kurznachricht an eine Bodenstation. Die Projektmitarbeiter erhalten
40 die Informationen also direkt vom Luchs zu ihrem Computer. Ein anderes Mittel
der Beobachtung sind Foto- oder Videokameras mit Bewegungssensor. Sie sind
an Bäumen oder Felsen angebracht und halten vorbeikommende Luchse im Bild fest.

[1] der Wildwechsel: Wege, die z. B. Rehe regelmäßig benutzen
[2] schlagen: hier: töten
[3] der Riss: hier: die erlegte Beute

3. Schritt: Den Text genau lesen

Absätze gliedern den Text.

6 a. Lies den Text nun Absatz für Absatz.
b. Schreibe über jeden Absatz eine passende Zwischenüberschrift.

Schlüsselwörter helfen dir, die wichtigsten Informationen zu finden.
Häufig beantworten sie W-Fragen.

7 a. Lies die hervorgehobenen Wörter im ersten Absatz.
b. Unterstreiche in den Absätzen 2 bis 5 Schlüsselwörter.

Was ist das
Besondere …?
Wann jagt …?
Welche …?
Wie …?
Wo …?
Warum …?

8 Schreibe zu jedem Absatz Schlüsselwörter auf.

Absatz 1: _____

Absatz 2: _____

_____

_____

_____

Absatz 3: _____

_____

_____

Absatz 4: _____

_____

_____

Absatz 5: _____

_____

_____

Manchmal ist ein unbekanntes Wort wichtig, um eine Textstelle zu verstehen.

9 Manchmal wird ein Wort in einer Fußnote erklärt.
Schreibe die Erklärungen auf.

der Wildwechsel: _____

schlagen: _____

der Riss: _____

10 Erkläre das Wort **Satellit** (Zeile 37) in eigenen Worten.

_____

_____

11 Gibt es weitere Wörter, die du noch nicht verstanden hast?
a. Versuche, unbekannte Wörter aus dem Zusammenhang zu erklären.
b. Schlage Wörter, die du nicht erklären kannst, in einem Wörterbuch
oder Lexikon nach.
c. Schreibe die Wörter mit ihrer Erklärung auf.

_____

_____

_____

4. Schritt: Nach dem Lesen

12 Beantworte die folgenden W-Fragen zum Text in ganzen Sätzen.

Welche Merkmale machen den Luchs zu einem guten Jäger?

_____

_____

_____

Warum sind Luchsprojekte entstanden?

_____

_____

_____

Welche Möglichkeiten zur Beobachtung des Luchses gibt es?

_____

_____

_____

13 Was hast du im Text Neues über den Luchs erfahren?
Vervollständige die folgende Mindmap mit Hilfe deines Clusters
von Aufgabe 1 auf Seite 4 und der neuen Informationen.

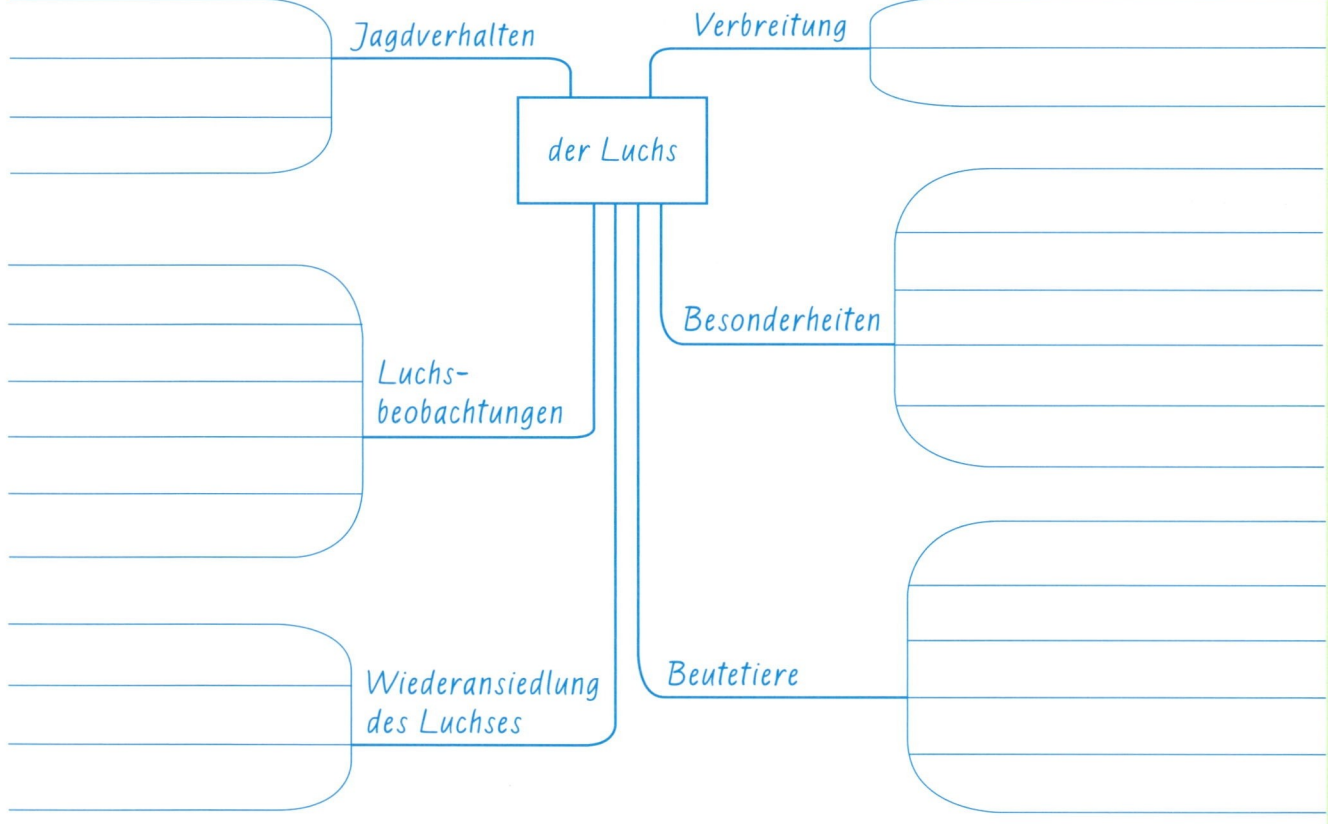

Die folgende Grafik informiert über die Situation heimischer Tierarten in Bayern. Mit dem Textknacker kannst du die Grafik verstehen.

Textknacker für Grafiken
➤ Umschlaginnenseite hinten

Die Gefährdung heimischer Säugetiere in Bayern 2017
(gesamt: 79 Arten)

- ausgestorben oder verschollen
- vom Aussterben bedroht
- stark gefährdet
- gefährdet
- Gefährdung unbekannten Ausmaßes
- extrem selten
- Vorwarnliste*
- ungefährdet

* die Vorwarnliste: noch ungefährdet, eine Gefährdung könnte sich aber in den nächsten 10 Jahren entwickeln

14 a. Sieh dir die Grafik als Ganzes an.
b. Worüber könnte die Grafik informieren? Schreibe einen Satz auf.

15 a. Sieh dir die Grafik genauer an.
b. Was wird in den farbigen Teilen dargestellt? Schreibe einen Satz auf.

Die farbigen Teile zeigen die

16 Was bedeutet das Wort **verschollen**? Schlage es nach und schreibe die Bedeutung auf.

17 Beantworte die folgenden W-Fragen zu der Grafik.

– Aus welchem Jahr stammen die Angaben?

– Wie viele Säugetierarten in Bayern sind vom Aussterben bedroht?

– Was ist die Vorwarnliste?

18 Formuliere eine weitere Frage an die Grafik und beantworte sie.

19 Was stellt die Grafik dar? Welche Informationen findest du besonders wichtig? Schreibe einen kurzen Text in dein Heft.

Einen Sachtext mit Grafik verstehen

Der folgende Sachtext und die Grafik informieren dich über Luchse.

1 Lies den Text und die Grafik Schritt für Schritt mit dem Textknacker.

Die Katze mit den leuchtenden Augen

Luchse sind Raubtiere und gehören zu der Familie der Katzen.
Obwohl sie die größten europäischen Katzen in freier Wildbahn sind,
werden sie den Kleinkatzen zugeordnet. Insgesamt gibt es vier Arten
von Luchsen: den Kanadischen Luchs, den Eurasischen Luchs,
5 den Rotluchs und den Pardelluchs. Sie alle kommen
auf der Nordhalbkugel vor, weshalb sie in älterer Literatur manchmal
„Nordluchse" genannt werden. Meist ist im deutschen Sprachgebrauch
der Eurasische Luchs gemeint, wenn von einem „Luchs" die Rede ist.

Der kurze Schwanz eines Luchses wird 15 bis 25 Zentimeter lang und seine Spitze
10 ist schwarz. Neben ihren Pinselohren haben Luchse noch eine weitere Besonderheit:
Sie besitzen einen Backenbart. Seine genaue Funktion ist allerdings noch nicht
vollkommen geklärt. Im Gebiss des Luchses befinden sich 28 bis 30 Zähne.
Mit diesen spitzen Zähnen kann er seine Beutetiere besonders gut reißen.
Die mandelförmigen Augen des Luchses sind etwa sechsmal

15 so lichtempfindlich wie die des Menschen. Vermutlich hat der Luchs seinen Namen
den nachts funkelnden Augen zu verdanken: Das Wort „Luchs" leitet sich
von dem altgriechischen Begriff „lychnos" für „Licht" oder „Lampe" ab.
Das Fell eines Luchses kann rotbraun, grau oder sandfarben sein.
Es ist bei manchen Luchsen einfarbig, bei anderen gefleckt.
20 Die Farbe des Fells kann sich je nach Jahreszeit verändern.

Wenn sich ein Luchs normal fortbewegt, misst sein Schritt 40 bis 100 Zentimeter,
wenn er sprintet, sogar bis zu 150 Zentimeter. Seine Krallen kann der Luchs
beim Laufen einziehen, daher unterscheidet sich sein Pfotenabdruck
von dem anderer Tiere, die ungefähr so groß sind wie er – beispielsweise der Wolf.
25 Die Krallen des Wolfs sind nämlich immer ausgefahren. Die Pfotenabdrücke
eines Luchses sind dreimal so groß wie die einer Hauskatze.

In der Regel paaren sich Luchsweibchen in ihrem zweiten Winter das erste Mal.
Die Männchen dagegen gehen erst ab dem dritten Winter auf die Suche
nach einem passenden Weibchen. Grundsätzlich paart sich das Weibchen nur
30 mit einem einzigen Männchen. Die Jungen sind recht früh selbstständig und verlassen
die Mutter bereits im ersten Frühjahr. Allerdings sterben 75 Prozent der Jungen
schon während ihrer ersten beiden Lebensjahre. Das liegt weniger
an ihren natürlichen Fressfeinden, wie etwa den Wölfen, sondern daran,
dass die anfälligen Jungtiere an Katzenseuchen erkranken oder
35 von Autos erfasst werden.

Als Revier bevorzugt der Luchs große Waldareale mit dichtem Unterholz.
Das Revier eines Luchsweibchens ist meist nur halb so groß wie das eines Männchens.
Die Reviergrenzen markieren Luchse durch Harn oder Kratzspuren.

Manchmal befindet sich ein Luchsrevier ganz in der Nähe von Dörfern. Da der Luchs
40 sich tagsüber aber in seinen Verstecken aufhält, bleibt er für den Menschen
fast unsichtbar. Und weil Nutztiere, wie etwa Schafe oder Kühe,
nicht zu den bevorzugten Beutetieren des Luchses gehören, haben die Menschen
auch keine Angst vor dem Luchs. Deswegen ist eine Wiederansiedlung des Luchses
mit wenig Widerstand verbunden. Das zeigt auch das Luchsprojekt im Harz.

2 **a.** Kreuze an, ob die folgenden Aussagen zum Sachtext und zur Grafik
richtig oder falsch sind.
b. Notiere jeweils die entsprechende Zeilenangabe in der rechten Spalte.
c. Wenn du eine Aussage in der Grafik gefunden hast,
schreibe in die rechte Spalte ein G.

Aussagen zum Text und zur Grafik	richtig	falsch	Zeile/Grafik
1. Der Luchs gehört zu den Großkatzen.	☐	☐	
2. Der Luchs kommt nur auf der Südhalbkugel vor.	☐	☐	
3. Der Luchs hat einen langen Schwanz.	☐	☐	
4. Die Funktion des Backenbartes ist überall bekannt.	☐	☐	
5. Die Augen der Luchse sind lichtempfindlicher als die Augen der Menschen.	☐	☐	
6. Seinen Namen verdankt der Luchs seinen Ohren.	☐	☐	
7. Der Begriff „Luchs" leitet sich aus dem Altgriechischen ab.	☐	☐	
8. Das Fell sieht bei jedem Luchs gleich aus.	☐	☐	
9. Luchse können ihre Krallen einziehen und ausfahren.	☐	☐	
10. Der Pfotenabdruck eines Luchses ist genauso groß wie der einer Hauskatze.	☐	☐	
11. Männliche Luchse sind älter als weibliche Luchse, wenn sie sich das erste Mal paaren.	☐	☐	
12. Das Luchsweibchen paart sich immer mit mehreren Männchen.	☐	☐	
13. Ein Viertel aller jungen Luchse wird älter als 24 Monate.	☐	☐	
14. Der Wolf ist ein natürlicher Fressfeind des Luchses.	☐	☐	
15. Bevorzugte Luchsreviere sind Großstädte.	☐	☐	

Wie gut verstehst du den Text und die Grafik?
Werte dein Ergebnis aus.

/ 15 Punkte

3 Vergleiche deine Antworten aus Aufgabe 2 mit dem Lösungsheft.
Dort kannst du auswerten, wie gut du schon Texte und Grafiken
lesen und verstehen kannst.

Auswertung ► **Lösungsheft**

Einen informierenden Text schreiben

Aus einem Sachtext Informationen entnehmen

Zunächst erschließt du den folgenden Sachtext mit dem Textknacker.

1 **a.** Lies den Text mit dem Textknacker.
  b. Die Schlüsselwörter in den ersten beiden Absätzen sind bereits hervorgehoben. Markiere in den Absätzen 3 bis 5 selbst Schlüsselwörter.

Textknacker ➤ S. 4

Höhlenforschung   Andrea Wieland

1 **Gefahren in Höhlen**
Es ist kalt, eng und nass – wer sich in eine Höhle begibt, trifft auf schwierige
Bedingungen. Trotzdem wagen sich auch immer wieder Touristen in Höhlen
vor – leichtsinnig und ohne spezielle Ausrüstung oder notwendiges Wissen.
5 Dann wird es gefährlich. Zusätzlich spielt auch das Wetter eine große Rolle.

2 **Besonderheit bei Höhlen auf der Schwäbischen Alb**
Matthias Leyk ist Höhlenretter. Einer seiner ersten Höhlenrettungseinsätze
war 1995 in der Falkensteiner Höhle. Schneeschmelze und Regen brachten
den Wasserspiegel schnell zum Ansteigen. Der Weg nach draußen war
10 für zwei Höhlenbegeher versperrt. [...]
Matthias Leyk erklärt: „Der größte Teil des Niederschlages wird
in den Karstgebieten[1] der Schwäbischen Alb nicht ober-, sondern unterirdisch
entwässert. Diese Kalkstein- und Gipslandschaften besitzen typischerweise
eine oft dünne Erdüberdeckung sowie spaltenreiches und lösliches Gestein.
15 Das sind auch Grundvoraussetzungen für die Höhlenbildung."
Durch diese besondere geologische[2] Situation kann es bei Regen und
Schneeschmelze in Karstgebieten bereits nach einigen Minuten
bis wenigen Stunden zu einem Anstieg des Wasserspiegels kommen.

3 **Wasser versperrt den Rückweg**
20 Das Gefährliche: Das Witterungsereignis kann viele Kilometer entfernt
auftreten und trotzdem eine Flut auslösen. Bei Hochwassereinbruch in Höhlen
ist in Mittelgebirgsregionen wie Baden-Württemberg ein Wasseranstieg
von etwa einem Meter in einer halben Stunde und schneller möglich. In Gängen,
die nur ein bis zwei Meter hoch sind, kann der Rückweg somit plötzlich
25 versperrt sein. In den Höhlen der Schwäbischen Alb werden Wasserspiegelanstiege
von bis zu 18 Metern beobachtet. Weit größere Schwankungen gibt es
in den Schweizer Alpen, so Leyk. „In der größten Höhle Europas, dem Hölloch,
treten sogar Wasserspiegelschwankungen von 180 Metern auf."

[1] das Karstgebiet: durch Wasser ausgelaugte Gebirgslandschaft aus Kalkstein oder Gips
[2] geologisch: die Entstehung, den Aufbau und die Entwicklung der Erde betreffend

4 Besonders risikoreich: das Höhlentauchen

30 Die Wulfbachquellhöhle, ebenfalls auf der Schwäbischen Alb, wird von Tauchern
erforscht. Im Jahr 2000 verunglückte dort ein Taucher und konnte nur
noch tot geborgen werden. Matthias Leyk sieht die besondere Gefahr
beim Höhlentauchen zum einen darin, dass die Taucher die subjektiven Gefahren
wie Angst, Panik, Ausrüstungsmängel, Erschöpfung und Erfahrungsmangel
35 unterschätzen. Hinzu kommen [...] objektive Gefahren wie [...] Strömung, Kälte,
Gasvergiftungen, [...] Wassertrübe oder Leinenverwicklungen. Treten einer oder
sogar mehrere dieser Punkte auf, kann es zu Unfällen kommen. [...]

5 Beim Höhlentauchen auf jeden Fall Panik vermeiden

Als wichtigen Grund für Unfälle beim Höhlentauchen nennt
40 der erfahrene Höhlenretter Leyk die mentale[3] Überforderung. Sie entsteht,
wenn Taucher unsicher im Umgang mit der Ausrüstung oder extrem angespannt
sind, wenn unerwartete Materialdefekte auftreten oder durch plötzliche Eintrübung
des Wassers. Matthias Leyk erläutert: „Die dadurch bedingte
Adrenalinausschüttung[4] ist unter Wasser nicht hilfreich. Denn der Taucher kann
45 nicht seinen natürlichen Reflexen folgen und schnell an die Wasseroberfläche
flüchten."
Sein Rat lautet daher, jeden Meter, den der Taucher in die Höhle hineinschwimmt,
auch ruhig und beherrscht wieder herauszuschwimmen. Panik hingegen würde
zu Atemnot, Herzrasen oder Kreislaufversagen führen, was im schlimmsten Fall
50 mit dem Tod durch Ertrinken enden kann. Erfahrene Höhlenretter wie
Matthias Leyk wenden daher bestimmte Konzentrationsübungen an,
die sie vorher einige Zeit wiederholt haben. Somit sorgen sie für eine ruhigere
Atmung und lassen Panik gar nicht erst aufkommen.*

3 mental: geistig, gedanklich
4 die Adrenalinausschüttung: Bei Stress oder Gefahr steigt im Blut der Anteil des Hormons Adrenalin.
   Herzschlag und Atmung beschleunigen sich. Der Körper stellt sich auf Kampf oder Flucht ein.

2 Beantworte die folgenden Fragen zum Sachtext in Stichworten.

Wie wagen sich immer wieder Touristen in Höhlen vor?

Wie wird der größte Teil von Regen und Schnee
in den Karstgebieten der Schwäbischen Alb entwässert?

Was ist die Folge, wenn in einer Höhle das Wasser schnell ansteigt?

Von wem wird die Wulfbachquellhöhle erforscht?

Was wenden erfahrene Höhlenretter in Gefahrensituationen an?

3 Formuliere weitere Fragen an den Text und beantworte sie. Schreibe in dein Heft.

Einen informierenden Text planen

Du sollst für die Schülerzeitung einen Text schreiben, in dem du über die Höhlenforschung informierst.

1 Überlege dir zunächst Schreibziele und schreibe sie auf.

An wen soll sich der Text richten?

Welches Ziel willst du erreichen?

2 Was musst du hinsichtlich der Sprache und des Stils beachten? Kreuze die richtigen Antworten an.

☐ Ich benutze wörtliche Rede.

☐ Ich schreibe in einfachen, klaren Sätzen.

☐ Ich baue Spannung auf.

☐ Ich verwende Fachbegriffe, die wichtig sind.

☐ Ich lasse Unwichtiges weg und schreibe sachlich.

3 Was weißt du über die Höhlenforschung?
Lies die Schlüsselwörter zu den Absätzen 1 bis 5 auf den Seiten 12 und 13.

4 Welche Informationen sind wichtig? Was ist besonders interessant?
Schreibe jeweils das Wichtigste auf Karteikarten.

5 **a.** Ordne die Karteikarten in einer sinnvollen Reihenfolge.
b. Nummeriere die Karteikarten.

Den informierenden Text schreiben und überarbeiten

Du kannst nun den vollständigen Informationstext in dein Heft schreiben. Verwende dafür deine Ergebnisse von Seite 14.

1 Worüber möchtest du informieren?
Schreibe eine passende Überschrift auf.

2 Formuliere eine Einleitung, die die Leserinnen und Leser zum Weiterlesen anregt.

Starthilfe

Im folgenden Text möchte ich ...
Es ist spannend/interessant ...
Höhlenbegeher treffen nicht selten auf ...

3 Schreibe nun den Hauptteil deines Textes.
Verwende dazu deine Ergebnisse von Seite 14.

4 Schreibe zum Schluss einen zusammenfassenden Satz oder eigene Gedanken auf.

Anschließend kannst du deinen informierenden Text überarbeiten.

5 **a.** Überprüfe deinen Informationstext mit Hilfe der Checkliste.
b. Schreibe anschließend deinen überarbeiteten Text auf.

Checkliste: Einen informierenden Text schreiben	Ja	Nein
– Habe ich interessante Informationen ausgewählt?	☐	☐
– Habe ich die Informationen sinnvoll gegliedert?	☐	☐
– Habe ich eine passende Überschrift formuliert?	☐	☐
– Habe ich eine Einleitung formuliert, die zum Weiterlesen anregt?	☐	☐
– Habe ich im Hauptteil nur wichtige und sachliche Informationen aufgeschrieben?	☐	☐
– Habe ich zum Schluss einen zusammenfassenden Satz oder eigene Gedanken formuliert?	☐	☐
– Habe ich verständlich formuliert?	☐	☐
– Habe ich alles richtig geschrieben?	☐	☐

6 Was ist dir gut gelungen? Was möchtest du noch üben?
Schreibe Stichworte auf.

Schriftlich Stellung nehmen

Meinungen äußern und begründen

In der Zeitung steht ein Artikel über den Schulbeginn.

1 Lies den folgenden Zeitungsartikel mit dem Textknacker.

Textknacker ➤ S. 4

Soll die Schule morgens später anfangen?

Tim und seine Zirndorfer Klassenkameraden kommen oft zu spät in die Schule.
Das stört den Unterricht. Nun fordern sie einen späteren Schulbeginn. Sie wünschen
sich morgens mehr Zeit, denn sie wollen nicht abgehetzt und zu spät im Unterricht
ankommen. Dann hätte mancher von ihnen auch Zeit, den Hund auszuführen.
5 Eine Fürther Schule ließ über den Schulbeginn abstimmen. Das Ergebnis erstaunte
viele: Fast 60 Prozent der Schüler waren gegen einen späteren Beginn. Sie wollen
nachmittags früh nach Hause, weil sonst die Zeit für Hobbys und Freunde fehlt.
Beispielsweise treiben viele Jugendliche Sport, der am Nachmittag stattfindet.
Auch viele Eltern sind gegen einen späteren Schulbeginn. Sie müssen morgens früh
10 zur Arbeit und es ist ihnen wichtig, dass die Familie gemeinsam aus dem Haus geht.
Denn nur so können sie kontrollieren, ob ihr Kind wirklich zur Schule geht.
Dem Schuleschwänzen wird also vorgebeugt. Außerdem sollten sich Kinder an das
frühe Aufstehen gewöhnen, weil sie sich später im Job die Arbeitszeit auch nicht
aussuchen können. Verspäten sie sich oft bei der Arbeit, dann verlieren sie ihren Job.
15 Schlafforscher hingegen haben herausgefunden, dass Jugendliche mindestens
achteinhalb Stunden Schlaf brauchen. Viele Schüler gehen abends sehr spät ins Bett.
Wenn sie morgens im Unterricht sitzen, haben sie oft Kopfweh, weil sie zu wenig Schlaf
hatten. Darunter leiden die Noten. Fängt aber der Unterricht eine halbe Stunde später
an, werden die Schulleistungen besser, weil die Jugendlichen ausgeschlafen sind.
20 Das wiederum fördert beispielsweise die Freude am Lernen.

In dem Zeitungsartikel gibt es verschiedene Meinungen zum Schulbeginn.

2 Schreibe auf, wer für einen späteren Schulbeginn ist und wer nicht.

Die Schule soll später beginnen: _____

Die Schule soll so früh beginnen wie bisher: _____

Welche Argumente nennen die einzelnen Gruppen in dem Zeitungsartikel?

3 **a.** Unterstreiche im Text alle Argumente für einen späteren Schulbeginn grün.
b. Welche Behauptungen, Begründungen und Beispiele enthalten
die Argumente jeweils? Schreibe es auf.

Behauptung: *Die Jugendlichen wünschen sich morgens mehr Zeit.*

Begründung: *Sie wollen nicht abgehetzt und zu spät im Unterricht ankommen.*

Beispiel: _____

_____

Behauptung: _____

Begründung: _____

Beispiel: _____

_____

Behauptung: _____

Begründung: _____

Beispiel: _____

4 **a.** Unterstreiche im Text alle Argumente gegen einen späteren Schulbeginn blau.
b. Welche Behauptungen, Begründungen und Beispiele enthalten
die Argumente jeweils? Schreibe es auf.

Behauptung: _____

Begründung: _____

Beispiel: _____

Behauptung: _____

_____

Begründung: _____

Beispiel: _____

Behauptung: _____

Begründung: _____

_____

Beispiel: _____

Den Leserbrief planen und schreiben

Was denkst du über einen späteren Schulbeginn?
Nimm dazu in einem Leserbrief an die Zeitung Stellung.

Bevor du deinen Leserbrief schreibst, bildest du dir eine eigene Meinung.

1 Soll der Unterricht morgens später beginnen oder nicht?
Kreuze an.

☐ Ich bin für einen späteren Schulbeginn.

☐ Ich bin gegen einen späteren Schulbeginn.

Um deine Meinung zu stützen, brauchst du starke Argumente.

2 Notiere Argumente, um deine Meinung zu stützen.
a. Schreibe vier Behauptungen auf.
b. Finde Begründungen und Beispiele, die deine Behauptungen unterstützen,
und schreibe sie auf.
Tipp: Du kannst deine Ergebnisse aus den Aufgaben 3 oder 4 auf Seite 17 nutzen.

Seite 17

☐ Behauptung: _____

Begründung: _____

Beispiel: _____

☐ Behauptung: _____

Begründung: _____

Beispiel: _____

☐ Behauptung: _____

Begründung: _____

Beispiel: _____

☐ Behauptung: _____

Begründung: _____

Beispiel: _____

Sprachspeicher

Zum Beispiel …

Beispielsweise …

… und zwar …

Bei mir ist es morgens …

Eine Umfrage hat gezeigt, dass …

Wirkungsvoller ist deine Stellungnahme,
wenn du das überzeugendste Argument zum Schluss nennst.

3 Wie überzeugend sind deine Argumente?
Nummeriere sie: das schwächste zuerst,
das stärkste zuletzt.

Nun kannst du deinen Leserbrief an die Zeitung in dein Heft schreiben.

4 Welche Bestandteile gehören zu einem Leserbrief? Kreuze an.

☐ Überschrift ☐ Uhrzeit

☐ Datum ☐ Name des Absenders

☐ Emojis ☐ Anrede

5 **a.** Schreibe in der Einleitung auf, um welches Thema es geht.
b. Formuliere dann deine Meinung ohne Begründungen.

> **Sprachspeicher**
> Ich habe den Artikel „Soll die Schule morgens später anfangen?" gelesen und möchte …
> Ich möchte mich zum Thema … äußern.
> Ich finde, dass … Meiner Meinung nach …

6 Formuliere im Hauptteil deine Argumente.
Verwende deine Ergebnisse aus Aufgabe 2 auf Seite 18.
Verknüpfe deine Sätze durch passende Wörter.
a. Nenne und erkläre deine Behauptungen und Begründungen.
b. Unterstütze sie mit anschaulichen Beispielen.
c. Nenne das überzeugendste Argument wirkungsvoll am Schluss.

> **Sprachspeicher**
> Für/Gegen einen späteren Schulbeginn spricht …, weil …
> Ich bin außerdem davon überzeugt, dass …, denn …
> Nicht zuletzt finde ich … wichtig, weil …

> **Sprachspeicher**
> zum Beispiel / z. B. beispielsweise
> und zwar
> deshalb
> obwohl
> einerseits … andererseits

7 **a.** Lies noch einmal den Zeitungsartikel auf Seite 16.
b. Welchen Argumenten willst du zustimmen? Welchen widersprechen?
Schreibe dazu weitere Argumente und Gegenargumente auf.

8 Fasse zum Schluss deinen Standpunkt zum Thema zusammen.

> **Sprachspeicher**
> Ich finde also, dass …
> Für die Zukunft wünsche ich mir …
> Deshalb bin ich der Meinung, dass …

Einen Leserbrief überarbeiten

Der folgende Zeitungsartikel informiert über WLAN in Schulbussen.

1 Lies den Zeitungsartikel.

Schulbusse sind mit WLAN ausgestattet

Ein neuer Service wird im Landkreis Fürth angeboten:
Alle Schulbusse sind mit kostenlosem WLAN ausgestattet.
Die Schülerinnen und Schüler können im Bus von nun an
unbegrenzt surfen, streamen und die sozialen Netzwerke nutzen.
Damit wird auf die Interessen der Kinder und Jugendlichen
eingegangen. Schülermitverantwortungen aus verschiedenen
Schulen hatten sich in den vergangenen Jahren immer wieder
dafür eingesetzt, Schulbusse mit WLAN auszustatten.

2 Worüber informiert der Zeitungsartikel?
Schreibe es in einem Satz auf.

_____

_____

Selina hat zu dem Zeitungsartikel einen Leserbrief geschrieben.

Eines ist klar: Nicht alle Schüler wollen WLAN im Bus.
Zum einen stört es mich, dass es im Bus so laut ist. Viele Schüler hören laut
Musik oder spielen ihren Sitznachbarn Songs und Videos vor. Der Lärm führt
aber zum Beispiel dazu, dass ich im Bus nicht mehr lernen kann. Besonders
am Mittwoch wäre das aber wichtig, weil ich lange Schule habe und danach
gleich ins Training muss.
Zudem ist nicht sicher, was mit den eigenen Daten in öffentlichen Netzwerken
passiert. Wenn das WLAN im Bus allen zugänglich ist, kann es vermutlich
auch leicht gehakt werden.
Denn alle sitzen mit ihren Handys da und starren auf den Bildschirm.
Oft hört man statt Gesprächen nur das „Pling" eingehender Nachrichten.
Ich fand es schöner, als wir miteinander geredet haben und uns dabei
angeschaut haben. Oft haben wir uns dann beispielsweise für den Nachmittag
verabredet.
Wer im Schulbus nicht auf das Internet verzichten kann, der kann auch
seine mobilen Daten nutzen. Als Serwice für alle verleitet WLAN doch dazu,
auch im Bus Online zu sein.
Selina Meier

Achtung:
Fehler!

3 **a.** Lies den Leserbrief.
   b. Welche Meinung vertritt Selina? Schreibe es in einem Satz auf.

_____

_____

Selinas Leserbrief ist an einigen Stellen nicht gelungen. Du kannst ihn überarbeiten.

⊙ **4** Lies noch einmal die Einleitung des Leserbriefs. Kreuze die passende Aussage an.

☐ Es wird deutlich, dass es sich um Selinas eigene Meinung handelt.

☐ Es wird nicht deutlich, dass es sich um Selinas eigene Meinung handelt.

5 Schreibe eine passende Einleitung in deinem Heft auf.

6 Selina nennt im Hauptteil drei Argumente.
Zwei dieser Argumente sind nicht vollständig.
a. Finde die drei Argumente im Text. Markiere jeweils die Behauptung,
die Begründung und das Beispiel in unterschiedlichen Farben.
b. Ergänze die unvollständigen Argumente und schreibe sie vollständig im Heft auf.
Tipp: Achte auf die Verknüpfung deiner Sätze durch passende Wörter.

7 Im letzten Satz gibt es zwei Rechtschreibfehler.
a. Streiche die falsch geschriebenen Wörter im Text durch.
b. Korrigiere die Fehler. Schreibe den Satz richtig auf.

8 Selina hat zum Schluss ihren Standpunkt nicht zusammengefasst.
Ergänze den Schluss und schreibe ihn vollständig in deinem Heft auf.

Nun kannst du deinen Leserbrief von Seite 19 überarbeiten.

9 **a.** Überprüfe deinen Leserbrief mit Hilfe der Checkliste.
b. Schreibe anschließend deinen überarbeiteten Leserbrief auf.

Checkliste: Schriftlich Stellung nehmen	Ja	Nein
– Habe ich in der Einleitung das Thema genannt?	☐	☐
– Habe ich meine Meinung aufgeschrieben?	☐	☐
– Habe ich mindestens vier Argumente genannt?	☐	☐
– Habe ich meine Behauptungen und Begründungen mit Konjunktionen verbunden?	☐	☐
– Habe ich anschauliche Beispiele formuliert?	☐	☐
– Habe ich einen passenden Schluss aufgeschrieben?	☐	☐
– Habe ich alles richtig geschrieben?	☐	☐

10 Was ist dir gut gelungen? Was möchtest du noch üben?
Schreibe Stichworte auf.

Einen Vorgang beschreiben

Eine Vorgangsbeschreibung planen

Arbeitstechnik: Einen Vorgang beschreiben

1. Schritt: Die Vorgangsbeschreibung planen
– Notiere alle benötigten Materialien und Arbeitsmittel.
– Schreibe in Stichworten die Arbeitsschritte auf und ordne sie.
2. Schritt: Die Vorgangsbeschreibung schreiben
– Formuliere eine passende Überschrift.
– Nenne zuerst die Materialien und Arbeitsmittel.
– Beschreibe die Schritte genau und in der richtigen Reihenfolge.
3. Schritt: Die Vorgangsbeschreibung überarbeiten
– Überprüfe deine Vorgangsbeschreibung. Verwende Checklisten.
– Überarbeite die Vorgangsbeschreibung. Achte auf die Rechtschreibung.

Leyla macht ein Berufspraktikum auf einem Pferdehof.
Der Pferdewirt zeigt Leyla, wie man ein Pferd putzt.
Diesen Vorgang kannst du beschreiben.

1 Sieh dir die Bilder genau an. Sie zeigen die Arbeitsschritte 1 bis 8.

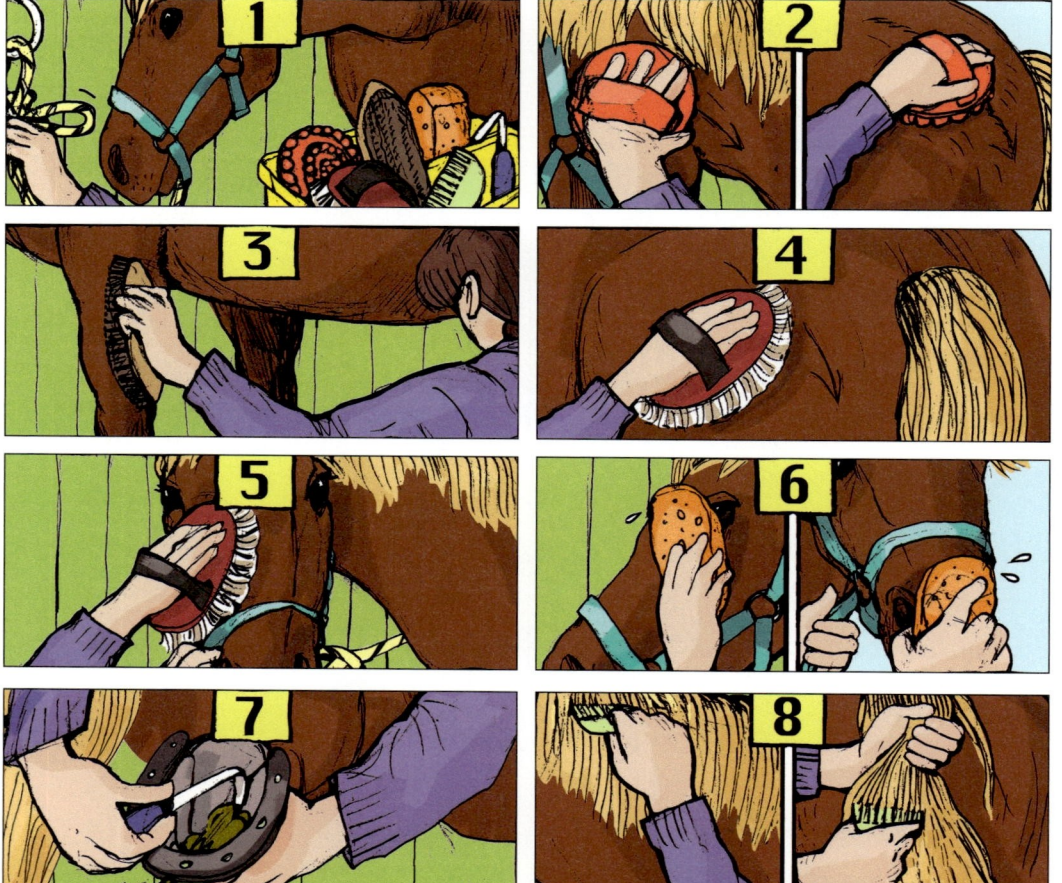

Sprachspeicher

die Wurzelbürste
(harte Bürste)

die Kardätsche
(weiche Bürste)

der Striegel

der Hufauskratzer

Welche Materialien und Arbeitsmittel braucht der Pferdewirt?

2 Schreibe eine Materialliste.
    a. Sieh dir noch einmal die Bilder auf Seite 22 an.
    b. Schreibe die Materialien und Arbeitsmittel auf.

_____

_____

_____

_____

_____

Bei einer Anleitung ist es wichtig, die Arbeitsschritte genau und in der richtigen Reihenfolge zu beschreiben.

3 Welche Arbeitsschritte führt der Pferdewirt nacheinander aus?
    Was tut der Pferdewirt bei den Arbeitsschritten genau?
    a. Sieh dir noch einmal die Bilder auf Seite 22 an.
    b. Schreibe zu jedem Bild Stichworte auf.
       Verwende dabei die Materialien und Arbeitsmittel von Aufgabe 2.

1: _____

_____

2: _____

_____

3: _____

_____

4: _____

_____

5: _____

_____

6: _____

_____

7: _____

_____

8: _____

_____

Du kannst zu einzelnen Arbeitsschritten Erklärungen einfügen.
So erfahren die Leserinnen und Leser, worauf sie bei dem Vorgang achten müssen.

4 Zu welchen Arbeitsschritten gehören die folgenden Erklärungen?
Nummeriere sie.

☐ Dadurch wird der Staub entfernt und das Fell wird zum Glänzen gebracht.

☐ So wird verhindert, dass spitze Steine in den Ballen eingetreten werden und Schmerzen verursachen.

☐ Damit werden diese empfindlichen Bereiche am Kopf nicht verletzt.

5 Schreibe eine eigene Erklärung zu Arbeitsschritt 1 auf.

> **Starthilfe**
> Das Pferd muss man …, damit …

Du kannst aus verschiedenen Anredeformen wählen.
Du kannst entweder die **man**-Form verwenden oder das Passiv.

6 Entscheide dich für eine Anredeform. Kreuze sie an.

Ich schreibe meine Vorgangsbeschreibung …

☐ in der **man**-Form (Man benötigt …).

☐ im Passiv (… wird benötigt).

Die Überschrift gibt den Leserinnen und Lesern Hinweise
zum Thema des Vorgangs.

7 Wähle aus den folgenden Überschriften eine passende aus.
Kreuze die Überschrift an.

☐ Im Stall arbeiten

☐ Ein Pferd putzen

☐ So machst du alles richtig

☐ Ein Pferd satteln und säubern

8 Formuliere eine eigene Überschrift.

24

Die Vorgangsbeschreibung schreiben

Wie putzt man ein Pferd?
Nun kannst du die vollständige Vorgangsbeschreibung in dein Heft schreiben.
Verwende dazu deine Ergebnisse von den Seiten 22 bis 24.

1 Schreibe eine passende Überschrift auf.

2 Welche Materialien und Arbeitsmittel werden benötigt?
Schreibe sie in einem ganzen Satz auf.
Verwende deine gewählte Anredeform.

> **Starthilfe**
> Um ein Pferd zu putzen,
> benötigt man folgende Arbeitsmittel:
> einen Striegel, eine Wurzelbürste …

> **Starthilfe**
> Um ein Pferd zu putzen,
> werden folgende Arbeitsmittel benötigt:
> ein Striegel, eine Wurzelbürste …

3 Beschreibe die Schritte des Vorgangs genau.
- Verwende das Präsens.
- Verwende deine gewählte Anredeform.
- Schreibe zu jedem Bild mit Hilfe deiner Stichworte ein bis zwei Sätze auf.
- Verwende passende Satzanfänge, um die Reihenfolge der Schritte zu verdeutlichen.
- Bezeichne die Tätigkeiten genau mit passenden Verben.
- Formuliere sachlich.

> **Sprachspeicher**
>
> | | |
> |---|---|
> | Zuerst … | Danach … |
> | Dann … | Anschließend … |
> | Daraufhin … | Nun … |
> | Jetzt … | Am Schluss … |

4 Füge bei einigen Arbeitsschritten Erklärungen ein.

Im Sommer werden Pferde auch geduscht.
Du kannst zu dem Vorgang Informationen sammeln und
eine Vorgangsbeschreibung schreiben.

5 Wie duscht man ein Pferd?
   a. Recherchiere im Internet.
   b. Notiere die notwendigen Arbeitsmittel und Materialien.
   c. Notiere zu den einzelnen Arbeitsschritten passende Stichworte.

6 Schreibe die Vorgangsbeschreibung vollständig auf.
   a. Notiere eine Überschrift.
   b. Welche Materialien werden benötigt?
      Schreibe sie in einem Satz auf.
   c. Beschreibe die Schritte des Vorgangs genau.
      - Entscheide dich für eine Anredeform.
      - Verwende das Präsens.
      - Schreibe zu jedem Schritt mit Hilfe deiner Stichworte ein bis zwei Sätze auf.

Eine Vorgangsbeschreibung überarbeiten

Milan hat eine Vorgangsbeschreibung geschrieben.

<u>*Wie man einen Liebesbrief mit einem QR-Code verschlüsselt*</u>

1 Zuerst gebe ich im Internet bei einer Suchmaschine die Begriffe „QR-Code erzeugen" ein. Man erhält viele Internetadressen, bei denen ich kostenlos selbst einen QR-Code erzeugen kann.

2 Wenn man einen Liebesbrief im Würfelmuster eines QR-Codes verstecken möchte, braucht man einen kurzen, liebevollen Text und ein Handy oder einen PC mit Internetanschluss. Sobald man einen passenden Link öffnet, erschien schon ein Feld, in das man einen Text eintragen konnte. Anschließend klickt man den Button für die automatische Erzeugung des QR-Codes.

3 Sofort erscheint auf dem Bildschirm das gemusterte Quadrat mit den verschlüsselten Informationen. Zuvor speichert man das Quadrat so in einem Ordner, dass man es später wiederfindet. Am Anfang verschickt man den QR-Code im Anhang einer E-Mail oder druckt ihn aus. Man kann ihn auch direkt dem oder der Liebsten auf dem Handy zeigen.

Achtung: Fehler!

Milans Vorgangsbeschreibung ist an einigen Stellen nicht gelungen. Du kannst sie überarbeiten.

1 Die Anrede **man** wird nicht einheitlich verwendet.
⊙ **a.** Streiche in dem Text alle Stellen durch, an denen **ich** steht. Streiche auch das dazugehörige Verb durch.
b. Schreibe die Sätze mit **man** und den richtigen Verbformen auf.

_____

_____

_____

2 Das Präsens wird nicht durchgehend verwendet.
⊙ **a.** Welche Verbformen stehen nicht im Präsens? Streiche sie durch.
b. Schreibe den Satz im Präsens auf.

_____

_____

Beachte die einzelnen Schritte des Vorgangs und ihre Reihenfolge.

3 An einer Stelle werden die Schritte nicht in der richtigen Reihenfolge beschrieben.
Aus Absatz 1 ist ein ganzer Satz in Absatz 2 verrutscht.
Markiere ihn und zeichne mit einem Pfeil ein, wo er hingehört.

4 Zwei Satzanfänge geben die Reihenfolge der Schritte nicht richtig wieder.
⊙ **a.** Welche Satzanfänge sind nicht passend?
Markiere sie im Text.
b. Probiere aus, wie du die Satzanfänge überarbeiten kannst.
Schreibe die Sätze auf.

5 Schreibe die überarbeitete Vorgangsbeschreibung von Milan in dein Heft.

Nun kannst du deine Vorgangsbeschreibung von Seite 25 überarbeiten.

6 **a.** Überprüfe deine Beschreibung mit Hilfe der Checkliste.
b. Schreibe anschließend deine überarbeitete Beschreibung auf.

Checkliste: Einen Vorgang beschreiben	Ja	Nein
– Habe ich eine passende Überschrift aufgeschrieben?	☐	☐
– Habe ich alle notwendigen Materialien und Arbeitsmittel genannt?	☐	☐
– Habe ich alle Schritte des Vorgangs in der richtigen Reihenfolge beschrieben?	☐	☐
– Habe ich die Schritte genau, vollständig und verständlich beschrieben?	☐	☐
– Habe ich eine einheitliche Anrede verwendet?	☐	☐
– Habe ich durchgängig im Präsens geschrieben?	☐	☐
– Habe ich die Schritte mit abwechslungsreichen Satzanfängen verdeutlicht?	☐	☐
– Habe ich alle Tätigkeiten mit passenden Verben genau bezeichnet?	☐	☐
– Habe ich die Vorgangsbeschreibung sachlich formuliert?	☐	☐
– Habe ich alles richtig geschrieben?	☐	☐

7 Was ist gut gelungen? Was möchtest du noch üben?
Schreibe Stichworte auf.

Anschaulich erzählen

Eine Geschichte erzählen

Zeitungsmeldungen können deine Fantasie anregen.
Hier kannst du eine Geschichte zu einer Zeitungsmeldung schreiben.

1 Lies die folgende Zeitungsmeldung.

Baggerfahrer gräbt ein kleines Vermögen aus

Auf einem Grundstück der Bahnhofstraße hob ein Baggerfahrer eine zwei Meter tiefe Baugrube aus, als plötzlich an seiner Baggerschaufel ein merkwürdig aussehender Sack hing. Darin fand der Fahrer eine Menge alter Geldscheine, insgesamt 100.000 Mark[1]. Heute entspricht das einem Wert von 51.000 Euro. Ein Sprecher der Polizei sagte, dass die Polizei nun Ermittlungen einleiten werde, um zu überprüfen, woher das Geld stammt.

[1] die Mark: Mit Mark bezahlte man in Deutschland von 1948 bis 2001. Seit 2002 gibt es den Euro.

2 Markiere wichtige Wörter der Zeitungsmeldung im Text.

3 Welche Fragen hast du zu der Zeitungsmeldung? Schreibe sie auf.

Wer hat den Geldsack eingegraben? Stammt das Geld vielleicht
von einem Raubüberfall? Warum

4 Wie könnte das Geld unter die Erde gekommen sein? Und wann?
Erfinde eine Vorgeschichte. Schreibe deine Idee in Stichworten auf.

Die Geschichte planen

Woher stammt das Geld?
Du kannst nun eine Geschichte zu der Zeitungsmeldung auf Seite 28 schreiben.

Plane deine Geschichte.

1 Beantworte die folgenden Fragen. Schreibe Stichworte auf.

Wo spielt die Geschichte?

Wann spielt die Geschichte?

Überlege dir eine spannende Handlung für deine Geschichte.
Plane sie mit Hilfe der Handlungsbausteine.

Notiere Ideen für die Handlungsbausteine **Hauptfigur in Situation** und **Wunsch**.

2 Wer ist deine Hauptfigur?
Beschreibe sie mit Hilfe eines Steckbriefes (z. B. Name, Alter, Aussehen,
Charakter usw.).
Schreibe Stichworte auf.

3 In welcher Situation soll deine Geschichte beginnen?
Beschreibe die Situation der Hauptfigur in Stichworten.

4 Was wünscht sich die Hauptfigur?
Beschreibe den Wunsch in Stichworten.

Notiere Ideen für die Handlungsbausteine Hindernis, Reaktion und Ende.

5 Welches Hindernis steht dem Wunsch der Hauptfigur im Weg?
Beschreibe es in Stichworten.

_____

_____

_____

_____

_____

_____

6 Was denkt und fühlt die Hauptfigur?
Beschreibe es in Stichworten.

_____

_____

_____

_____

_____

_____

7 Welche Idee hat die Hauptfigur? Wie reagiert sie?
Schreibe es in Stichworten auf.

_____

_____

_____

_____

_____

_____

8 Wie endet deine Geschichte? Wie löst sich die Spannung auf?
Schreibe deine Ideen in Stichworten auf.

_____

_____

_____

_____

_____

Die Geschichte schreiben und überarbeiten

Nun kannst du deine Geschichte in dein Heft schreiben.
Verwende dazu deine Ideen von den Seiten 29 und 30.

1 Schreibe eine Einleitung in zwei oder drei Sätzen in dein Heft.
Beantworte dabei die W-Fragen: Wer? Wo? Wann?

2 Erzähle deine Geschichte spannend, anschaulich und lebendig.
a. Überlege, was nacheinander geschieht und wie es weitergeht.
b. Baue die Spannung auf: Erzähle ausführlich, aber verrate noch nicht den Schluss.

3 Beschreibe Figuren, Orte und Gefühle mit treffenden Adjektiven.

4 Deine Geschichte wird lebendiger, wenn sie wörtliche Rede enthält.
Schreibe einige Sätze in wörtlicher Rede auf.
Verwende in den Begleitsätzen treffende Verben.

5 Verwende unterschiedliche Satzanfänge.

6 Wie endet deine Geschichte? Erzähle, wie sich die Spannung löst.

7 Überlege dir eine passende Überschrift, die neugierig macht. Schreibe sie auf.

Nun kannst du deine Geschichte überarbeiten.

8 a. Lies den Text auf Seite 28 und deine Geschichte noch einmal.
– Passen deine Geschichte und die Angaben aus der Zeitungsmeldung zusammen?
– Liefert deine Geschichte eine Begründung, wie das Geld unter die Erde kam?
b. Überarbeite deine Geschichte, falls nötig.

9 a. Überprüfe deine Geschichte mit Hilfe der Checkliste.
b. Schreibe anschließend deine überarbeitete Geschichte auf.

Checkliste: Eine Geschichte anschaulich erzählen	Ja	Nein
– Habe ich meine Geschichte verständlich aufgebaut?	☐	☐
– Habe ich Figuren und Orte mit treffenden Adjektiven beschrieben?	☐	☐
– Habe ich treffende Verben verwendet?	☐	☐
– Habe ich Gedanken, Gefühle und wörtliche Reden der Figuren eingefügt?	☐	☐
– Habe ich unterschiedliche Satzanfänge verwendet?	☐	☐
– Habe ich eine passende Überschrift gefunden?	☐	☐
– Habe ich alles richtig geschrieben?	☐	☐

10 Was ist dir gut gelungen? Was möchtest du noch üben?
Schreibe Stichworte auf.

Sprachspeicher
… flüsterte: „…"
„…", entgegnete …

Sprachspeicher
Zu Beginn … Zuerst …
Nun … Plötzlich …

Literarische Texte verstehen

Eine Kurzgeschichte erschließen

<table>
<tr><td>Arbeitstechnik: Die Handlungsbausteine ermitteln</td></tr>
</table>

Die fünf Handlungsbausteine finden sich in vielen Geschichten und
enthalten das Wichtigste der Handlung.
Stelle diese Fragen, wenn du die Handlungsbausteine ermitteln willst:
– Wer ist die Hauptfigur? In welcher Situation steckt sie?
– Welchen Wunsch hat sie?
– Welches Hindernis ist ihr im Weg?
– Wie reagiert die Hauptfigur auf das Hindernis? Wie versucht sie, es zu überwinden?
– Wie endet die Geschichte? Ist die Hauptfigur erfolgreich?

Die Handlungsbausteine helfen dir, die folgende Kurzgeschichte zu verstehen.

1 **a.** Sieh dir das Bild an und lies die Überschrift.
  b. Worum geht es in der Kurzgeschichte vermutlich? Schreibe es auf.

2 **a.** Lies die Kurzgeschichte mit dem Textknacker.
  b. Markiere Schlüsselwörter.

Textknacker ➤ S. 4

Lächeln im Regen   Rainer Jerosch

Regen fiel und die Luft war voller warmer Feuchtigkeit.
Lächeln müsstest du, sagte er zu sich,
während er die Allee entlangging, lächeln,
wie die Weisen im Orient es tun.
5   Es ist nicht wert, dass du mehr tust als lächeln.
Und er lächelte auch, ein gezwungenes Lächeln, aber er lächelte.
Vor zehn Minuten hatte er sie noch gesehen.
Es hatte zu regnen begonnen.
„Wirklich nicht?", fragte er. „Nein", sagte sie.
10 Ihre Augen hatten keinen Ausdruck.
Es war, als sähe sie ihn am anderen Ende der Straße, und als wäre er
dort und nicht neben ihr.
„Du bist so merkwürdig", sagte er. „Ich weiß nicht, was los ist."
„Es ist gar nichts los", entgegnete sie widerwillig.
15 Sie sah die Straße hinunter und ihre Augen waren stumpf und ohne Glanz.
An beiden Seiten der Straße standen Bäume, und der Regen fiel und die Blätter glänzten.
„Was ist nur mit dir los?", sagte er. „Du bist schon voriges Mal so komisch gewesen."
„Ich weiß gar nicht, wovon du sprichst", sagte sie.
Sie stand am Hauseingang an die Tür gelehnt.
20 Er stand zwei Stufen tiefer auf den nassen Fliesen vor dem Haus.

„Ich möchte jetzt wissen, was dich so verändert", sagte er.

„Ich möchte das endlich mal rauskriegen. Willst du mir nicht sagen, was los ist?"

„Nein", sagte sie. „Ich weiß nicht, wovon du redest."

„Das weißt du sehr genau", sagte er.

25 Sie antwortete nicht, und es entstand eine Pause.

Es regnete, und sie blickte die Straße hinunter auf die Blätter, und

es war ein geheimnisvolles Rauschen in der Luft.

„Ich verstehe dich nicht", sagte er. „Bin ich dir zu langweilig geworden,

oder was ist los?"

30 „Ich weiß nicht, was du immer hast!" Sie war sehr ungeduldig.

„Ich habe überhaupt nichts", sagte er, „aber du tust so, als wäre ich Luft

und als langweilte ich dich."

Sie sagte nichts und blickte an ihm vorbei.

Der Asphalt auf der Straße spiegelte den Regenhimmel und die Erde

35 zwischen Kantstein und Fußgängerweg war weich und moorig.

„Und morgen?", fragte er.

„Ich sage dir doch, ich kann nicht!"

Sie sah auf die Häuser, die hinter den Bäumen hervorblickten und

in großen, grünen Gärten standen.

40 „Gut", sagte er und fühlte sich elend. [...]

„Auf Wiedersehen!", sagte er.

„Leb wohl", entgegnete sie.

Dann klappte die Tür und er wusste, dass er jetzt fortgehen musste. Er drehte

sich langsam um und ging die Straße hinunter. [...]*

Untersuche den Handlungsbaustein Hauptfigur in Situation.

3 Wer ist die Hauptfigur?

⊙ **a.** Lies noch einmal die Zeilen 7 bis 13.

b. Kreuze den zutreffenden Satz an.

☐ Die Hauptfigur ist der Autor.

☐ Die Hauptfigur ist „er" (Z. 7). Er hat in der Kurzgeschichte keinen Namen.

4 In welcher Situation befindet sich die Hauptfigur?

Kreuze den zutreffenden Satz an.

☐ Die Hauptfigur steht mit einer Frau vor einem Haus und unterhält sich mit ihr.

☐ Die Hauptfigur steht mit einer Frau vor einem Haus und umarmt sie.

5 In der Kurzgeschichte haben die Figuren keine Namen. Wie wirkt das auf dich?

Schreibe es in einem Satz auf.

6 Lies noch einmal die Zeilen 19 und 20.

Wie fühlt sich der Mann vermutlich, wenn er zwei Stufen tiefer

als die Frau steht? Schreibe dazu Stichworte auf.

Untersuche nun den Handlungsbaustein **Wunsch**.

7 Was wünscht sich die Hauptfigur?
⊙ **a.** Wo wird der Wunsch im Text genannt?
   Unterstreiche die Textstelle.
b. Beschreibe den Wunsch in eigenen Worten.

_____

_____

Wie geht die Kurzgeschichte weiter?
Untersuche dazu die Handlungsbausteine Hindernis und Reaktion.

8 Wie verhindert die Frau, dass der Wunsch der Hauptfigur erfüllt wird?
⊙ **a.** Lies noch einmal die Zeilen 25, 30 und 33.
b. Welche Gefühle zeigt die Frau der Hauptfigur gegenüber?
   Schreibe passende Adjektive auf. Belege sie anhand des Textes und
   schreibe die Zeilenangaben auf.

_____

c. Was könnte die Frau dabei denken?
   Schreibe einen Satz als inneren Monolog.

_____

_____

9 Warum kann das Verhalten der Frau dem Handlungsbaustein **Hindernis**
zugeordnet werden? Begründe es.

_____

_____

10 Wie ist die Reaktion der Hauptfigur auf das Verhalten der Frau?
⊙ **a.** Lies noch einmal die Zeilen 28, 29 und 36.
b. Beschreibe die Reaktion der Hauptfigur in eigenen Worten.

_____

_____

● **11** **a.** Lies noch einmal die Zeile 31.
   Der Mann sagt hier etwas und meint genau das Gegenteil.
b. Was könnte der Mann jetzt denken?
   Schreibe es als inneren Monolog auf.

_____

_____

_____

_____

Wie endet die Kurzgeschichte?
Untersuche nun den Handlungsbaustein Ende.
Die Kurzgeschichte ist ab Zeile 7 ein Rückblick
auf das Geschehen.
Deshalb steht der Handlungsbaustein Ende am Anfang.

12 Woran erkennt man, dass die Kurzgeschichte ab Zeile 7
ein Rückblick ist?
Untersuche die Zeitform in den Zeilen 6 und 7.
Vervollständige die Sätze.

Zeile 6 steht in der Zeitform _____ ,

Zeile 7 steht in der Zeitform _____ .

Dadurch wird ausgedrückt, dass das Geschehen ab Zeile 7 _____ dem Ende
passiert ist.

⊙ **13** Wie verhält sich die Hauptfigur am Ende?
Kreuze den zutreffenden Satz an.

☐ Der Mann bleibt vor dem Haus stehen und lächelt.

☐ Der Mann geht fort und lächelt fröhlich.

☐ Der Mann geht fort und lächelt gezwungen.

☐ Der Mann sucht Schutz vor dem Regen.

14 Warum lächelt der Mann am Ende?
⊙ **a.** Lies noch einmal die Zeilen 1 bis 6.
b. Kreuze die zutreffenden Sätze an.

☐ Der Mann ist erleichtert.

☐ Der Mann zwingt sich zu lächeln,
weil er seine Traurigkeit nicht zeigen will.

☐ Der Mann freut sich, dass die Situation nun geklärt ist.

☐ Der Mann will klug und überlegen wirken.

● **15** Der Handlungsbaustein Ende steht in dieser Kurzgeschichte am Anfang.
Wie wirkt das auf dich?
Schreibe es auf und begründe deine Antwort.

_____

_____

_____

_____

_____

_____

Die Kurzgeschichte interpretieren

Du hast die Kurzgeschichte mit Hilfe der Handlungsbausteine untersucht.
Nun kannst du einige Textstellen der Kurzgeschichte interpretieren.
Der Regen hat in der Kurzgeschichte eine besondere Bedeutung.

1 a. Wann setzt der Regen ein? Lies noch einmal die Zeile 8.
b. Beschreibe den Moment mit eigenen Worten.

_____

_____

2 Der Regen wird in der Kurzgeschichte als Symbol für die Stimmung verwendet.
Welche Begriffe passen zu dieser Stimmung?
Wähle passende Begriffe vom Rand aus und schreibe sie auf.

_____

die Tränen	grau
die Freude	weinen
die Nässe	trostlos
der Sommer	kalt
der Urlaub	müde

3 Es gibt im Deutschen mehrere Redewendungen mit dem Wort „Regen".
a. Lies die folgenden Redewendungen.
b. Verbinde jede Redewendung mit der passenden Bedeutung.
c. Welche Redewendung passt zu der Kurzgeschichte „Lächeln im Regen"?
Markiere sie.

Redewendung

Auf Regen folgt Sonnenschein.

ein Gesicht wie sieben Tage
Regenwetter machen

jemanden im Regen stehen lassen

Bedeutung

jemanden nicht unterstützen

Nach einer schlechten Situation
folgt eine gute Situation.

bekümmert/traurig aussehen

4 Die Kurzgeschichte hat die Überschrift „Lächeln im Regen".
Wie verstehst du die Überschrift?
Schreibe deine Interpretation auf.

_____

_____

An einer Stelle der Kurzgeschichte wird die Aufmerksamkeit
der Leserinnen und Leser auf die Augen der Frau gelenkt.

5 Lies noch einmal die Zeilen 10 und 15.
Welchen Interpretationen dieser Zeilen stimmst du zu?
Kreuze sie an.

☐ Die Frau fühlt sich krank.

☐ Man sagt, dass die Augen der „Spiegel der Seele" sind. Die Beschreibung
ihrer Augen zeigt also, dass die Frau nichts mehr für den Mann empfindet.

☐ Der Mann ist ihr ganz nah, sie traut sich nur nicht, ihn anzuschauen.

☐ Die Frau ist gefühlsmäßig sehr weit weg von dem Mann.

Mit der Kurzgeschichte produktiv umgehen

Um die Kurzgeschichte „Lächeln im Regen" noch besser zu verstehen, kannst du dich in die Figuren hineinversetzen. Der produktive Schreibauftrag hilft dir dabei.

Für die folgende Aufgabe versetzt du dich in die Hauptfigur der Kurzgeschichte hinein.

1 In der Aufgabe 7 auf Seite 34 geht es um den Wunsch der Hauptfigur.
   a. Lies noch einmal deine Ergebnisse zu dieser Aufgabe.
   b. Stelle dir vor, du bist die Hauptfigur und schreibst der Frau eine E-Mail.
   Erkläre ihr darin ausführlich deinen Wunsch.
   Schreibe die E-Mail in deinem Heft auf.
   Tipp: Die folgenden Gedanken können dir helfen.

Für die nächste Aufgabe versetzt du dich in die Frau hinein.

2 In den Aufgaben 8 und 9 auf Seite 34 geht es darum,
   wie die Frau die Erfüllung des Wunsches verhindert.
   a. Lies noch einmal deine Ergebnisse zu diesen Aufgaben.
   b. Stelle dir vor, du bist die Frau und schreibst eine Antwort an den Mann.
   Erkläre ihm darin ausführlich, warum du nicht mit ihm sprechen willst.
   Schreibe die E-Mail in deinem Heft auf.
   Tipp: Die folgenden Gedanken können dir helfen.

3 Du weißt nun genauer, was die beiden Figuren in der Kurzgeschichte bewegen könnte.
   Hast du Verständnis für die beiden? Oder nur für eine Figur?
   Schreibe deine Gedanken dazu in deinem Heft auf.

Einen Romanauszug erschließen

Der folgende Textauszug stammt aus dem Jugendroman „Slam" von Nick Hornby.
Am Anfang des Romans lernst du Sam kennen.

1 Lies den Romanauszug mit dem Textknacker.

Textknacker ➤ S. 4

Slam[1] Nick Hornby

Eigentlich lief alles gerade richtig gut. Ich würde sogar sagen, dass die Entwicklungen
der letzten sechs Monate durchgängig positiv gewesen waren.
Zum Beispiel hatte Mum sich von Steve getrennt, ihrem bescheuerten Freund.
Zum Beispiel hatte meine Kunstlehrerin, Mrs Gillett, mich nach der Stunde
5 beiseitegenommen und gefragt, ob ich nicht Kunst studieren wollte.
Zum Beispiel konnte ich plötzlich zwei neue Skatingtricks, nachdem ich mich
wochenlang öffentlich blamiert hatte. [...]
Das alles, und außerdem hatte ich noch Alicia kennen gelernt.
Damit wollte ich eigentlich sagen, dass ihr vielleicht das ein oder andere
10 über mich wissen solltet, ehe ich loslege mit Mum und Alicia und allem.

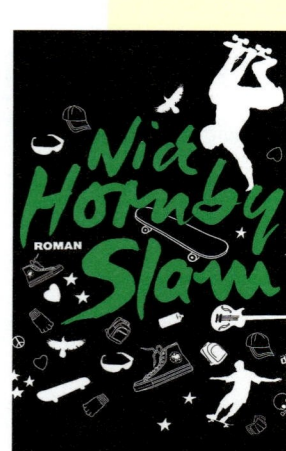

Wenn ihr mehr über mich wüsstet, könnte es immerhin sein, dass euch
einiges davon interessiert. Aber andererseits, wenn ich mir ansehe, was ich
gerade geschrieben habe, wisst ihr schon eine ganze Menge oder habt es
euch wenigstens zusammenreimen können. Zum Beispiel seid ihr
15 wahrscheinlich schon draufgekommen, dass meine Mum und mein Dad
nicht zusammenleben, es sei denn, mein Dad wäre so einer, dem es nichts
ausmacht, wenn seine Frau noch andere Liebhaber hat. Ist er nicht. Und ihr
könnt euch denken, dass ich skate, und ihr könnt euch denken, dass Kunst
und Design das Fach ist, in dem ich am besten bin, außer ihr habt
20 angenommen, ich wäre so jemand, den die Lehrer ständig beiseitenehmen,
um ihm zu sagen, er soll sich für ein bestimmtes Fach an der Uni
einschreiben. Und sich darüber richtig in die Haare kriegen. „Nein, Sam! Vergiss Kunst!
Studier Physik!" „Vergiss Physik. Es wäre ein tragischer Verlust für die Menschheit,
wenn du Französisch aufgibst!" Und dann fangen sie an, aufeinander einzuprügeln.
25 Na ja. Genau das würde mir *nie* passieren. Ich kann euch versprechen,
ich hab nie einen Streit unter Lehrern provoziert.
Und man muss kein Sherlock Holmes oder so sein, um zu kombinieren, dass Alicia
ein Mädchen ist, das mir etwas bedeutet. Ich bin froh, dass es einiges gibt, was ihr nicht
wisst und worauf ihr nie kommen würdet, seltsame Sachen, die, soweit ich weiß,
30 in der gesamten Geschichte der Menschheit außer mir noch keinem passiert sind.
Denn wenn ihr euch alles schon nach dem ersten kleinen Absatz hättet denken können,
würde mich das ungute Gefühl beschleichen, nicht unbedingt ein rasend komplizierter
und interessanter Mensch zu sein, haha. [...]
Wenn ich diese Geschichte richtig erzählen will, ohne irgendwas auszulassen, sollte ich
35 eine Sache gleich zugeben, weil sie wichtig ist. Also jetzt kommt es. Ich weiß, es hört
sich blöd an, und ich bin normalerweise nicht der Typ für so was, ehrlich. Ich meine, ich
glaube nicht an, na ja, so was wie Geister oder Seelenwanderung und so einen Quatsch,
aber das ... Das ergab sich irgendwann einfach so, und ... Na ja, was soll's, ich sag es jetzt
einfach, und ihr könnt denken, was ihr wollt.
40 Ich rede mit Tony Hawk[2], und Tony Hawk redet mit mir.

---

[1] Slam: in der Skatersprache ein schwerer, unkontrollierter Sturz
[2] Tony Hawk: geboren 1968 in Kalifornien, galt mit 16 Jahren als der weltbeste Skater. Er erfand viele Tricks
   und führte als Erster eine zweieinhalbfache Drehung um die Körperachse in der Halfpipe erfolgreich aus.

Einige von euch [...] werden nie von Tony Hawk gehört haben. Schön, ich sag's euch, obwohl ihr den eigentlich kennen müsstet, ehrlich. Wenn man Tony Hawk nicht kennt, ist das so, als würde man Robbie Williams nicht kennen, oder meinetwegen Tony Blair[3]. Es ist sogar im Grunde schlimmer. Denn es gibt endlos viele Politiker, endlos viele

45 Popstars und Hunderte von Fernsehsendungen. George Bush[4] ist wahrscheinlich noch berühmter als Tony Blair, und Britney Spears und Kylie Minogue sind genauso berühmt wie Robbie Williams. Aber es gibt eigentlich nur einen Skater, und der heißt Tony Hawk. Klar, es gibt nicht nur einen. Aber er ist DER SKATER schlechthin. [...] Für mich gibt es nur eine Entschuldigung, Tony Hawk nicht zu kennen, nämlich, dass man sich nicht

50 für Skaten interessiert.

Als ich mit dem Skaten anfing, bestellte mir meine Mutter ein Tony-Hawk-Poster übers Internet. Es ist das coolste Geschenk, das ich je bekommen hab, und dabei nicht mal das teuerste. Es kam natürlich direkt in meinem Zimmer an die Wand, und seitdem hab ich mir angewöhnt, ihm alles Mögliche zu erzählen. Zuerst hab ich Tony

55 nur vom Skaten erzählt – ich hab ihm erzählt, wenn mir was Probleme machte, oder von Tricks, die geklappt haben. Ich rannte praktisch in mein Zimmer, um ihm von meinem ersten gelungenen Rock 'n' Roll[5] zu erzählen, weil ich wusste, dass ein Poster von Tony Hawk damit sehr viel mehr anfangen kann als eine Mutter aus Fleisch und Blut. Ich will meine Mum nicht dissen, aber sie hat keine Ahnung.

60 Deshalb versuchte sie immer, ein ganz begeistertes Gesicht zu machen, wenn ich ihr so was erzählte, aber in ihren Augen herrschte große Leere. Sie war so total: Oh, ist ja fantastisch. Aber wenn ich sie gefragt hätte, was ein Rock 'n' Roll ist, hätte sie es nicht gewusst. Und was sollte das Ganze dann? Tony wusste es. Vielleicht hatte meine Mum mir darum das Poster gekauft, damit ich jemand anderen zum Reden hatte.

65 Dass er auch mit mir redete, fing an, kurz nachdem ich sein Buch gelesen hatte, *Tony Hawk: Hawk. Beruf: Skateboarder*. Dadurch hatte ich eine ungefähre Vorstellung von seinem Tonfall und was er wahrscheinlich sagen würde. Um ehrlich zu sein, wusste ich *genau*, was er zu mir sagen würde, weil es aus seinem Buch stammte. Ich hatte es damals[6] so etwa vierzig, fünfzig Mal gelesen und seitdem noch ein paarmal.

70 Meiner Meinung nach ist es das beste Buch, das je geschrieben wurde, und zwar nicht nur, wenn man Skater ist. Jeder sollte es lesen, denn selbst wenn man nicht skatet, kann man einiges daraus lernen. Tony Hawk war ganz oben und ganz unten, und er hat viel mitgemacht, genau wie jeder Politiker oder Musiker oder Soap-Star. Na, jedenfalls, weil ich es vierzig oder fünfzig Mal gelesen hatte, kannte ich es mehr oder weniger

75 auswendig. Als ich ihm von den Rock 'n' Rolls erzählte, sagte er: „Nicht allzu schwer, aber das Fundament, um Balance und Boardkontrolle auf einer Rampe zu bekommen. Gut gemacht, Mann!"

Das „Gut gemacht, Mann!" war O-Ton-Gespräch, falls ihr versteht, was ich meine. Das war neu. Ich hab's erfunden. Aber der Rest, das waren mehr oder weniger

80 seine eigenen Worte. Okay, nicht mehr oder weniger. Genau. Irgendwie wünschte ich fast, ich würde sein Buch nicht so in- und auswendig kennen, denn dann hätte ich den Teil auslassen können, wo er sagt: „Nicht allzu schwer." Das musste ich nicht unbedingt hören, nachdem ich sechs Monate geübt hatte, bis mal einer klappte. Ich wünschte, er hätte nur gesagt, na ja, ihr wisst schon:

85 „He! Rock 'n' Rolls sind das Fundament, um Balance und Boardkontrolle auf einer Rampe zu bekommen." Aber „Nicht allzu schwer" wegzulassen, wäre nicht ehrlich gewesen. Wenn du dir Tony Hawk vorstellst, wie er über Rock 'n' Rolls redet, hörst du ihn sagen: „Nicht allzu schwer." Geht mir

---

3 Tony Blair: ein ehemaliger Premierminister des Vereinigten Königreichs
4 George Bush: ein ehemaliger Präsident der USA
5 Rock 'n' Roll: hier: ein Skateboard-Trick
6 damals: Gemeint ist die Zeit vor drei Jahren, als der Erzähler Sam 15 Jahre alt war und die Romanhandlung begann.

jedenfalls so. So ist es nun mal. Man kann die Geschichte nicht umschreiben
90 oder einfach Einzelheiten auslassen, die einem nicht in den Kram passen.
Nach einer Weile redete ich dann mit Tony Hawk auch über andere Dinge –
über die Schule, Mum, Alicia, was weiß ich – und stellte fest, dass er auch dazu einiges
zu sagen hatte. Seine Worte kamen immer noch aus dem Buch,
aber in dem Buch geht es ja auch um das Leben, und nicht alles, was er sagt,
95 dreht sich um Sacktaps und Shove-its. [...]
Nicht alles, was Tony Hawk sagte, war so hilfreich, wenn ich ehrlich bin, aber dafür
konnte er nichts. Wenn ich im Buch nichts fand, das genau stimmte, musste ich mir
die Sätze entsprechend zurechtbiegen. Und das Erstaunliche war, wenn man sie
passend gemacht hatte, klangen sie immer vernünftig, wenn man gründlich
100 über das nachdachte, was er sagte.
Von jetzt an ist Tony Hawk übrigens TH, denn so nenne ich ihn. [...]
Die Buchstaben TH sind für mich so was wie mein persönlicher Geheimcode. [...]
Wie gesagt, nicht alles, was TH zu sagen hat, passt hundertprozentig. Er kann nichts
dafür. Sein Buch ist nur einfach nicht lang genug. Ich wünschte, es hätte eine Million
105 Seiten, a) weil ich es dann wahrscheinlich noch nicht ausgelesen hätte und b) weil er
mir dann zu jedem Thema etwas zu sagen hätte. [...]
TH ... Er war nicht ich. Aber er war der, der ich gerne gewesen wäre, und damit
die bestmögliche Version von mir selbst, und es kann ja nichts schaden,
die bestmögliche Version von sich selbst an der Schlafzimmerwand zu haben,
110 von der sie einem zusieht. Man hat dann das Gefühl, man dürfte sich selbst
nicht enttäuschen. [...]*

Die Handlungsbausteine helfen dir, den Romanauszug zu verstehen.
Du untersuchst hier die Handlungsbausteine Hauptfigur in Situation und Wunsch.

Die Handlungsbausteine
ermitteln ➤ S. 32

2 Wer ist die Hauptfigur? Wie alt ist sie?
Schreibe Stichworte auf.

3 In welcher Situation befindet sich die Hauptfigur?
Kreuze die richtigen Angaben an.

☐ Sams Eltern leben getrennt.

☐ Sam hat ein Mädchen kennen gelernt.

☐ Er lebt bei seiner Mutter.

☐ Er steht vor einer wichtigen Entscheidung.

☐ Sam trifft seine Freundin jeden Tag.

☐ Er ist froh, dass seine Mutter ihren Freund verlassen hat.

☐ Sam spricht mit dem Poster eines bekannten Skaters.

4 Könntest du dich mit der Hauptfigur anfreunden?
Begründe es.

Der Skater Tony Hawk ist wichtig für die Hauptfigur.

5 Neben der Hauptfigur spielt der Skater Tony Hawk eine besondere Rolle.
Beantworte die folgenden Fragen dazu in ganzen Sätzen.

Wodurch ist Sam auf Tony Hawk aufmerksam geworden?

Was ist das Besondere an der Beziehung zwischen Sam und Tony Hawk?

Was hat die Beziehung mit der Situation der Hauptfigur zu tun?

6 Welchen Wunsch hat die Hauptfigur?
a. Lies noch einmal die Zeilen 75–84.
b. Schreibe den Wunsch auf.

7 Was bedeutet dieser Wunsch? Kreuze an.

☐ Sam weiß, dass seine Skatertricks für einen Profi wie Tony Hawk nicht schwer sind.
Aber er hat lange dafür geübt und wünscht sich Anerkennung.

☐ Sam möchte Tony Hawks Buch nie mehr lesen,
weil er die unangenehme Wahrheit nicht hören will.

Warum redet Sam mit Tony Hawk, obwohl dieser gar nicht anwesend ist?
Hier untersuchst du Sams Handlungsmotive.

8 Warum redet Sam mit Tony Hawk?
a. Markiere im Text Zeilen, die auf diese Frage eine Antwort geben.
b. Beantworte die Frage in eigenen Worten.
Die Wortgruppen am Rand können dir helfen.
Ergänze die Zeilenangaben. Schreibe in dein Heft.

9 Sams Mutter hat mitbekommen, dass er mit dem Poster spricht.
Sie macht sich Sorgen. Wie könnte Sam ihr die Sache erklären?
a. Versetze dich in Sam hinein.
b. Schreibe seine Erklärung in der Ich-Form in dein Heft.
Erkläre ausführlich, was Tony Hawk und das Poster für ihn bedeuten.

Mutter versteht
nichts vom Skaten
Vorbild, Idol
schaut zu ihm auf
verschiedene
wichtige Themen

Mit dem Romanauszug produktiv umgehen

Um den Auszug aus dem Roman „Slam" noch besser zu verstehen,
kannst du dich in Sam hineinversetzen.
Der produktive Schreibauftrag hilft dir dabei.

1 Sam ist ein großer Fan von Tony Hawk.
Beantworte die folgenden Fragen in Stichworten.
Lies dazu die jeweils angegebenen Zeilen.

Warum interessiert sich Sam für Tony Hawk? (Z. 47–53)

Wie zeigt sich, dass Tony Hawk für Sam wichtig ist? (Z. 53–54, Z. 67–70)

Was wünscht sich Sam aber manchmal von Tony Hawk? (Z. 103–106)

2 Sam redet mit Tony Hawks Poster. Dabei geht es nicht nur um das Skaten.
a. Lies noch einmal die Zeilen (Z. 91–92).
b. Worüber spricht Sam mit dem Poster?
Schreibe dazu Stichworte auf.

c. Schreibe Sätze auf, die Sam zu dem Poster sagen könnte.
Orientiere dich an deinen Stichworten von Aufgabe 2 b.

> **Starthilfe**
> Ich habe dir noch gar nicht von … erzählt. Also, das ist so: …

Im Roman ist Sam der Erzähler. Er hat einen besonderen Sprachstil.

3 **a.** Was fällt dir an Sams Sprachstil auf? Kreuze Zutreffendes an.
b. Belege deine Ergebnisse mit je einem Beispiel aus dem Text.
Schreibe die Zeilenangaben auf.

☐ übertrieben höfliche Ausdrucksweise

Z. _____

☐ abwechslungsreicher Satzbau

Z. _____

☐ gut zu verstehen

Z. _____

☐ lockere Umgangssprache

Z. _____

☐ langweiliger Satzbau

Z. _____

☐ schwer zu verstehen

Z. _____

4 Was sagt der Sprachstil über Sam aus?
Schreibe dazu einen Satz auf.

_____

_____

offen
ehrlich
eingebildet
normal

Stell dir vor, dass Sam einen Brief an Tony Hawk schreibt.
Darin erzählt er, welche Bedeutung das Poster für ihn hat und wie es ihm geht.

5 Schreibe den Brief in dein Heft.
Deine Ergebnisse der Aufgaben 1 bis 4 helfen dir.
– Erkläre, welche Bedeutung Tony Hawk und das Poster haben.
– Berichte über die Situation.
– Schreibe Gedanken dazu auf und beschreibe die Gefühle.
– Formuliere einen Wunsch an Tony Hawk.
– Verwende Sams Sprachstil.

Starthilfe

Hey Tony, ich habe schon lange vor, dir zu schreiben, weil …

Was könnte Tony Hawk auf Sams Brief antworten?

6 Welche Ratschläge könnte Tony Hawk Sam geben?
Schreibe dazu Stichworte auf.

_____

_____

_____

7 Schreibe den Antwortbrief in dein Heft.
– Gehe auf Sams Situation ein. Äußere Verständnis und gib Sam Ratschläge.
Verwende dazu deine Ergebnisse von Aufgabe 6.
– Antworte auf Sams Wunsch.

Eine Ballade verstehen

Die Handlungsbausteine erkennen

Die Ballade „Die Brück' am Tay" erzählt von einer wahren Katastrophe.
Die drei Kilometer lange Brücke über den schottischen Fluss Tay
wurde 1878 fertiggestellt. Nur ein Jahr später, am 28. Dezember 1879,
stürzte sie bei einem heftigen Unwetter ein.
Sie riss mit einem Zug 75 Menschen in den Tod.

1 **a.** Sieh dir die Bilder an und lies die Überschrift.
    b. Wovon handelt die Ballade vermutlich?
       Schreibe es auf.

2 Lies die Ballade mit dem Textknacker.

Textknacker ➤ S. 4

Die vollständige Ballade
findest du im Lösungsheft
auf **S. 6.**

Die Brück' am Tay   Theodor Fontane

[…]

1 Auf der Norderseite, das Brückenhaus –
  Alle Fenster sehen nach Süden aus,
  Und die Brückersleut'[1] ohne Rast und Ruh
  Und in Bangen[2] sehen nach Süden zu,
5 Sehen und warten, ob nicht ein Licht
  Übers Wasser hin „Ich komme" spricht,
  „Ich komme, trotz Nacht und Sturmesflug,
  Ich, der Edinburger[3] Zug."

2 Und der Brückner jetzt: „Ich seh' einen Schein[4]
10 Am anderen Ufer. Das muss er sein.
  Nun Mutter, weg mit dem bangen Traum,
  Unser Johnie kommt und will seinen Baum,
  Und was noch am Baume von Lichtern ist,
  Zünd' alles an wie zum heiligen Christ,
15 Der will heuer[5] zweimal mit uns sein, –
  Und in elf Minuten ist er herein."

[1] die Brückersleut': ein Ehepaar,
   das als Brückenwärter arbeitet
[2] in Bangen: ängstlich
[3] Edinburg(h): die Hauptstadt von Schottland
[4] der Schein: das Licht einer Lampe
[5] heuer: dieses Jahr

3 Und es war der Zug. Am Süderturm
Keucht er vorbei[6] jetzt gegen den Sturm,
Und Johnie spricht: „Die Brücke noch!
20 Aber was tut es, wir zwingen es[7] doch.
Ein fester Kessel, ein doppelter Dampf,
Die bleiben Sieger in solchem Kampf,
Und wie's auch rast und ringt und rennt,
Wir kriegen es unter, das Element[8].

25 **4** Und unser Stolz ist unsre Brück';
Ich lache, denk ich an früher zurück,
An all den Jammer und all die Not
Mit dem elend alten Schifferboot;
Wie manche liebe Christfestnacht
30 Hab' ich im Fährhaus[9] zugebracht,
Und sah unsrer Fenster lichten[10] Schein
Und zählte und konnte nicht drüben sein."

5 Auf der Norderseite, das Brückenhaus –
Alle Fenster sehen nach Süden aus,
35 Und die Brücknersleut' ohne Rast und Ruh
Und in Bangen sehen nach Süden zu;
Denn wütender wurde der Winde Spiel[11],
Und jetzt, als ob Feuer vom Himmel fiel',
Erglüht es in niederschießender Pracht
40 Überm Wasser unten ... Und wieder ist Nacht.
[...]*

[6] keucht er vorbei: Der Zug kommt schwer vorwärts.
[7] wir zwingen es: wir schaffen es
[8] das Element: hier: der Sturm

[9] das Fährhaus: ein Haus am Ufer, wo Fähren anlegen
[10] licht: hell
[11] der Winde Spiel: der Sturm

Die Handlungsbausteine helfen dir, die Ballade zu verstehen.

Die Handlungsbausteine
ermitteln ➤ S.32

3 Wer sind die **Hauptfiguren**? In welcher **Situation** befinden sie sich?

⊙ **a.** Lies noch einmal die Verse 3 und 4.

b. Schreibe dazu Stichworte auf.

⬤ **c.** Was erfährst du in den ersten beiden Strophen über die Gefühle der Hauptfiguren?
Schreibe dazu Stichworte auf.

4 Welchen **Wunsch** haben die Hauptfiguren?
Kreuze die richtige Antwort an und ergänze die Versangabe.

☐ Sie wünschen sich, dass sie mit dem Zug fahren können. Verse ___ bis ___

☐ Sie wünschen sich, dass ihr Sohn Johnie bald mit dem Zug kommt. Verse ___ bis ___

5 Welches **Hindernis** steht der Erfüllung des Wunsches im Weg?
Kreuze die richtige Antwort an und ergänze die Versangabe.

☐ heftiger Schneefall   Verse ___ bis ___   ☐ ein Sturm   Vers ___

In den Versen 19 bis 32 erfährst du, was der Sohn Johnie sagt.
Die Sprache in den Versen 19 bis 24 ist nicht leicht zu verstehen.

6 Erschließe dir den Inhalt der Verse 19 bis 24.

a. Schreibe dazu den folgenden Text in deinem Heft auf und fülle die Lücken.

Johnie sagt: „Wir müssen nur noch über ? fahren. Aber das ? wir.

Der Zug hat nämlich eine ? Dampflokomotive. Sie kann ? über die Brücke

ziehen. Dabei ist es egal, wie stark ? ist.“

die Brücke
kräftige
schaffen
den Zug
der Sturm

b. Beschreibe Johnies Gefühle mit drei Adjektiven.

Er ist _____ , _____ und _____ .

7 **a.** Lies noch einmal die Verse 19 bis 32.
b. Beantworte die folgenden Fragen in Stichworten.

Was erwartet Johnie von dem Zug? _____

Worauf ist Johnie stolz? _____

Wie ist Johnie früher über den Fluss gekommen? _____

Jetzt hast du den Inhalt der Ballade bis Vers 32 erschlossen.

8 Ordne die folgenden Sätze den ersten vier Strophen zu.

Der Vater sieht schon das Licht des Zuges am Ende der Brücke.	Strophe 1
Die Eltern hoffen, dass ihr Sohn bald da ist.	Strophe 2
Johnie denkt an die Zeit, als es noch keine Brücke gab.	Strophe 3
Johnie glaubt, dass der Zug sicher über die Brücke fährt.	Strophe 4

9 Lies noch einmal die Strophen 1 bis 4.
Welche Gedanken und Gefühle bewegen dich beim Lesen?
Schreibe es in deinem Heft auf.

Wie endet die Ballade? Untersuche dazu den Handlungsbaustein **Ende**.

10 **a.** Lies noch einmal die Verse 37 bis 40.
b. Was bedeuten diese Verse wohl? Kreuze die passende Antwort an.

☐ Am Himmel stehen Sterne. Es weht Wind. Auf der Erde ist alles dunkel.

☐ Die Brücke ist durch den Sturm zerstört. Der Zug stürzt im Funkenflug ins Wasser.

11 Beschreibe das Ende der Ballade in eigenen Worten.

Die Merkmale der Ballade bestimmen

Balladen haben epische, lyrische und dramatische Elemente:

Episches Element: Balladen erzählen Geschichten.

Lyrisches Element: Balladen sind in Versen geschrieben und können ein Reimschema beinhalten.

Dramatisches Element: Balladen beinhalten wörtliche Reden oder innere Monologe.
Sie haben einen dramatischen Handlungsverlauf.

In der Ballade „Die Brück' am Tay" auf den Seiten 44 und 45
kannst du Merkmale von Balladen finden.
Die Ballade erzählt eine Geschichte.

1 Gib den Inhalt der Ballade mit Hilfe deiner Ergebnisse zu den Aufgaben 3 bis 11
auf den Seiten 45 und 46 wieder.
Schreibe die Inhaltszusammenfassung in deinem Heft auf.

Starthilfe

Auf der Nordseite eines Flusses warten die Brücknersleute auf …

Balladen ähneln in ihrer Form Gedichten.
Sie können Strophen, Verse, ein Reimschema und besondere Stilmittel enthalten.

2 Untersuche die Strophen der Ballade auf den Seiten 44 und 45.
a. Zähle die Verse in jeder Strophe.
b. Markiere die Reimwörter.
c. Kreuze an, ob die folgenden Aussagen richtig oder falsch sind.

Reimformen
➤ **Umschlaginnenseite hinten**

	richtig	falsch
Die Strophen haben jeweils eine unterschiedliche Anzahl von Versen.	☐	☐
Die Strophen sind im Paarreim geschrieben.	☐	☐

3 **a.** In den Versen 17 und 18 findest du das Stilmittel der Personifikation:
Ein Ding wird vermenschlicht.
Wer keucht dort gegen den Sturm wie ein Mensch?
Schreibe es in deinem Heft auf.
b. Finde in der Ballade ein weiteres Beispiel für eine Personifikation.
Schreibe es in deinem Heft auf.

Eine Ballade enthält wie ein Drama Dialoge oder Monologe.

4 Welche Wirkung haben die Monologe in der Ballade?
⊙ **a.** Markiere in der zweiten Strophe grün, was der Brückner sagt.
⊙ **b.** Markiere in der dritten und vierten Strophe rot, was Johnie sagt.
c. Kreuze passende Sätze an.

☐ Die Leserinnen und Leser haben das Gefühl,
bei dem Geschehen in der Ballade dabei zu sein.

☐ Die wörtliche Rede macht die Ballade langweilig.

☐ Die wörtliche Rede macht die Ballade spannend.

Ein Gedicht untersuchen

Das Gedicht lesen

Das Liebesgedicht „Es erklingen alle Bäume" von Heinrich Heine
erschien im Jahr 1844.

1 Lies das Gedicht mehrmals.

Es erklingen alle Bäume   Heinrich Heine

Es erklingen alle Bäume,
Und es singen alle Nester –
Wer ist der Kapellenmeister[1]
In dem grünen Waldorchester?

5 Ist es dort der graue Kiebitz,
Der beständig nickt so wichtig?
Oder der Pedant[2], der dorten
Immer kuckuckt, zeitmaßrichtig[3]?

Ist es jener Storch, der ernsthaft,
10 Und als ob er dirigieret',
Mit dem langen Streckbein[4] klappert,
Während alles musizieret?

Nein, in meinem eignen Herzen
Sitzt des Walds Kapellenmeister,
15 Und ich fühl, wie er den Takt schlägt,
Und ich glaube, Amor[5] heißt er.

[1] der Kapellenmeister: der Dirigent
[2] der Pedant: einer, der alles übertrieben genau nimmt
[3] zeitmaßrichtig: hier: in einem regelmäßigen Zeitmaß, Metrum
[4] das Streckbein: der Storchenschnabel
[5] Amor: der Name für den Liebesgott in der römischen Mythologie

2 **a.** Schließe die Augen und stelle dir die Handlung des Gedichts vor.
   b. Was hast du in deiner Vorstellung gesehen, gehört oder gefühlt?
   Schreibe dazu Stichworte auf.

3 Worum geht es deiner Meinung nach in dem Gedicht?
Kreuze die zutreffendste Antwort an.

☐ Jemand beobachtet im Wald Tiere.

☐ Jemand empfindet die Geräusche im Wald als Musik.

☐ Jemand ist verliebt und nimmt die Geräusche im Wald wie Musik wahr.

Gedichtmerkmale und sprachliche Bilder untersuchen

Die Zeilen eines Gedichts heißen Verse.
Eine Strophe ist ein Gedichtabschnitt, der aus mehreren Versen (Zeilen) besteht.
Ein Gedicht besteht häufig aus mehreren Strophen.
Die Verszeilen sind oft durch Reime miteinander verbunden.
Das Metrum (das Versmaß) gibt die regelmäßige Reihenfolge von betonten und unbetonten Silben innerhalb des Gedichts an.

Du kennst bereits einige Merkmale von Gedichten: **Vers**, **Strophe**, **Reim** und **Metrum**.
Du kannst sie in dem Gedicht auf Seite 48 untersuchen.

1 Wie viele Strophen hat das Gedicht? Wie viele Verse hat jede Strophe?
Schreibe es auf.

2 Untersuche die Verse des Gedichts.
☉ **a.** Welche Verse reimen sich in dem Gedicht?
Markiere die Reimwörter.
b. Ergänze den folgenden Satz.

In _____ Strophen reimen sich immer Vers _____ und Vers _____ .

3 Untersuche das Metrum des Gedichts.
a. Schreibe die ersten beiden Verse in deinem Heft auf.
b. Lies die Verse laut und betont vor.
c. Kennzeichne dabei die betonten (∕) und die unbetonten (∨) Silben.

Starthilfe

∕ ∨ ∕ ∨
Es erklingen …

4 Prüfe, ob der Autor für alle Verse dasselbe Metrum verwendet.
Beschreibe das Metrum. Ergänze dazu den Lückentext.

Der Autor verwendet in allen Versen _____ Metrum.

Jeder Vers beginnt mit einer _____ Silbe.

Darauf folgt immer eine _____ Silbe.

5 Was hat das Metrum der Verse mit den Aufgaben eines Kapellmeisters zu tun?
Kreuze die richtigen Antworten an.

☐ Beim Dirigieren gibt der Kapellmeister den Takt an, damit alle Musiker im selben Tempo spielen.

☐ Ein Kapellmeister zeigt, wie hoch oder wie tief die Instrumente spielen sollen.

☐ Ein Kapellmeister zeigt beim Dirigieren, welche Töne betont werden müssen.

Sprachliche Bilder

Sprachliche Bilder machen ein Gedicht besonders anschaulich.
In der Fantasie der Leserinnen und Leser oder der Hörerinnen und Hörer können so Bilder
von den beschriebenen Stimmungen oder Gefühlen entstehen.
Sprachliche Bilder sind z. B. der Vergleich, die Metapher und die Personifikation.
Bei einem **Vergleich** werden zwei Vorstellungen durch **wie** oder **als** miteinander verknüpft:
Mein Herz ist wie die Sonne.
Bei einer **Metapher** wird ein Wort oder eine Wortgruppe aus dem Zusammenhang herausgenommen
und auf etwas anderes übertragen: eine Flut von Menschen
Bei einer **Personifikation** wird ein Gegenstand, ein Tier oder eine Pflanze als Person dargestellt und
vermenschlicht: Die Sonne lacht.

In dem Gedicht auf Seite 48 kannst du untersuchen,
wie Gefühle durch verschiedene sprachliche Bilder ausgedrückt werden.

1 Im zweiten Vers (Zeile) des Gedichts findest du eine Personifikation.
   a. Lies noch einmal den zweiten Vers.
   b. Markiere das Verb, durch das die Personifikation entsteht.
   c. Beantworte die folgenden Fragen in Stichworten:
      – Was wird in dem Vers vermenschlicht?
      – Was will der Autor mit der Personifikation wohl ausdrücken?

2 Das Gedicht enthält einige versteckte Vergleiche.
Was vergleicht der Autor mit dem Verhalten eines Kapellmeisters?
   a. Lies noch einmal die zweite und die dritte Strophe.
   b. Ergänze dann den folgenden Satz mit den Wortgruppen vom Rand.
   Ergänze auch die Versangabe.

Der Autor vergleicht das _____ des Kiebitzes (Vers _____),

den _____ des Kuckucks (Vers _____) und

das _____ mit seinem Streckbein (Vers _____)

mit dem Verhalten eines Kapellmeisters.

Klappern des Storches
beständige Nicken
gleichmäßigen Ruf

3 Womit könnte man die singenden Vögel noch vergleichen?
Schreibe Vergleiche auf.

Die singenden Vögel sind wie

50

Das Gedicht auf Seite 48 enthält einige Metaphern.

4 In der ersten Strophe steht eine Metapher.

    a. Was ist mit dem „grünen Waldorchester" (Vers 4) gemeint?
Kreuze die richtige Antwort an.

        ☐ die raschelnden Blätter der Bäume

        ☐ die singenden Vögel im Wald

        ☐ singende Spaziergänger im Wald

    b. Was will der Autor mit dieser Metapher ausdrücken?
Kreuze passende Sätze an.

        ☐ Der Vogelgesang klingt so schön, wie ein Orchester spielt.

        ☐ Es gibt so viele unterschiedliche Vogelstimmen wie Instrumente in einem Orchester.

        ☐ Der Gesang der Vögel dauert so lange wie ein Orchesterkonzert.

5 In der letzten Strophe steht eine weitere Metapher.
Was ist mit „des Walds Kapellenmeister" (Vers 14) gemeint?
Kreuze die richtige Antwort an.

    ☐ der Storch   ☐ die Liebe

6 Erkläre die letzte Strophe in eigenen Worten.

_____

_____

Lyrisches Ich

7   **a.** Lies noch einmal die letzte Strophe.

    b. Was vermutest du über das lyrische Ich?
Wie fühlt es sich? Was denkt es?
Schreibe dazu Stichworte auf.

_____

_____

8 Wie nimmt das lyrische Ich das Waldkonzert wahr?
Schreibe deine Eindrücke dazu auf.

_____

_____

spiegelt seine fröhliche Stimmung wider

beschreibt die Liebe, die es empfindet

Rechtschreibstrategien und Regeln

Sprechen – hören – schreiben

Deutliches Sprechen und genaues Hinhören helfen dir beim richtigen Schreiben.
Viele Wörter schreibst du so, wie du sie sprichst und hörst.
Diese Wörter sind Mitsprechwörter.

1 Lies den folgenden Text.

Wesnas Stärken

Wesna weiß noch nicht, welchen Beruf sie im Schülerpraktikum

ausprobieren möchte. Daher denkt sie darüber nach, was sie

besonders gut kann und woran sie Freude hat. Eine wichtige Grundlage

sind für Wesna ihre Lieblingsfächer. Natürlich sind es die Fächer,

in denen sie gute Noten bekommen hat. Erfolg macht eben Spaß.

Das Praktikum ist für Wesna eine großartige Gelegenheit,

einen Beruf kennen zu lernen. Sie ist schon sehr neugierig und

will herausfinden, welche Ausbildung am besten zu ihr passt.

2 Worüber denkt Wesna nach?
Schreibe es in einem Satz auf.

3 **a.** Sprich die hervorgehobenen Wörter deutlich Silbe für Silbe.
b. Zeichne Silbenbögen unter die Wörter.

4 **a.** Diktiert euch gegenseitig die hervorgehobenen Wörter.
Sprecht die Wörter langsam in Silben.
b. Schreibt die Wörter auf. Zeichnet Silbenbögen unter die Wörter.

Wenn du Wörter Silbe für Silbe sprichst, hörst du bei manchen Wörtern ein **h** am Anfang einer Silbe.

5　**a.** Sprich die Wörter vom Rand deutlich Silbe für Silbe.
　　　Achte auf das silbenöffnende **h.**
　　b. Schreibe die Wörter auf.
　　c. Zeichne Silbenbögen unter die Wörter und markiere das **h.**

gehören,

gehören
(der) Fernseher
(die) Rehe
blühen
ruhig
gehen
(die) Schuhe
stehen
glühen
nähen
(die) Zehen

6　**a.** Lies den folgenden Text.
　　　Sprich dabei die hervorgehobenen Wörter deutlich Silbe für Silbe.
　　b. Entscheide, ob das Wort richtig oder falsch geschrieben ist.
　　c. Schreibe alle hervorgehobenen Wörter richtig auf.
　　　Achte auf die Anzahl der Silben.
　　　Ergänze bei den Nomen den bestimmten Artikel.

Wesnas Freizeit

In ihrer Freizeit spielt Wesna besondrs gern Handball in einem Sportverein und joggt zweimal in der Woche. Manchmal macht sie im Wald einen Hindernislauf. Bewegung ist für sie der Ausgleich zu den langen Schulstunden. Außerdem verdient sie sich Taschngeld in einem Supermarkt im Neubaugebiet. Jeden zweiten Samstag arbeitet sie dort als Aushilfskraft. Am frühen Morgn geht es los. Sie packt Waren aus und muss sie in die Regale stellen. Sie hat auch viel Kundenkontakt. Sie zeigt den Kunden, wo die Einkaufswagen zu finden sind. Und sie hilft ihnen beim Einpacken der Lebensmittel in die Einkaufstütn.

Achtung:
Fehler!

　　zwei Silben:　*die Freizeit,*

　　drei Silben:

　　vier und mehr Silben:

Wörter verlängern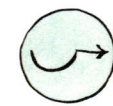

Wörter mit **b**, **d**, **g** am Ende sind Nachdenkwörter. Du kannst nicht hören,
mit welchem Buchstaben das Wort oder die Silbe endet.
Dann hilft dir das Verlängern.

> **Merkwissen**
>
> Oft spricht man am Ende eines Wortes **p**, **t**, **k** und schreibt doch **b**, **d**, **g**.
> Durch Verlängern kannst du den Endbuchstaben hörbar machen.
> Suche eine längere Form des Wortes. Dann hörst du,
> welchen Buchstaben du schreiben musst.
> – Nomen: der Die ? ⤳ die Die**b**e (Plural) – daher: der Die**b**
> – Verben: sie gi ? t ⤳ ge**b**en (Infinitiv) – daher: sie gi**b**t
> – Adjektive: lusti ? ⤳ lusti**g**er (Steigerungsform) – daher: lusti**g**

Die Schreibweise von Nomen und von Verbformen mit **b**, **d**, **g** kannst du
durch Verlängern herausfinden.

1 Lies den folgenden Text.

Wesnas Eltern

Wenn man die Eltern fra ? t, was ihr Kin ? Wesna gut kann,

dann beschrei ? t ihr Vater sie so: „Wesna ist sehr höflich. Sie unterhält sich gern

mit anderen Menschen, hört gut zu und lässt sie ausreden."

Wesna ist auch sehr hilfsbereit. Zum Beispiel kümmert sie sich oft um den Hun ?

der alten Nachbarin. Weil Wesna so nett und aufmerksam ist, glau ? t ihre Mutter,

dass sie als Verkäuferin Erfol ? haben würde.

2 Welcher Beruf würde zu Wesna passen? Markiere es im Text.

3 **b** oder **p**? **d** oder **t**? **g** oder **k**?
   Leite die Schreibweise der hervorgehobenen Wörter mit Hilfe des Verlängerns her.
   a. Schreibe die Verlängerung der Wörter auf.
   b. Schreibe die Wörter dann richtig auf.
   c. Schreibe den Text in deinem Heft vollständig auf.

Nomen:

⤳ *die Kinder – das Kind*

⤳ _____

⤳ _____

Verben:

⤳ *fragen – fragt*

⤳ _____

⤳ _____

Das Verlängern hilft dir, Adjektive mit **b, d, g** richtig zu schreiben.
Im folgenden Text sind nicht alle hervorgehobenen Adjektive richtig geschrieben.

4 Lies den folgenden Text.

Wesnas Freundinnen und Freunde

Ihre Freundinnen und Freunde haben Wesna sehr gern. Sie ist nicht nur kluk und

fleißig, sondern auch sehr liep. Sogar, wenn jemand grob zu ihr ist, bleibt Wesna

freundlich. Weil sie so nett ist, wurde Wesna jetzt zur Klassensprecherin gewählt.

Sie kann aber auch wild sein! Mit Wesna etwas zu unternehmen, ist immer spannent.

5 Wozu wurde Wesna gewählt? Markiere es im Text.

6 Sind die im Text hervorgehobenen Adjektive richtig oder falsch geschrieben?
Leite die richtige Schreibweise her.
a. Verlängere die Adjektive. Schreibe dazu Wortgruppen auf.
b. Schreibe das Adjektiv in der Grundform auf.

das kluge Mädchen – klug,

7 Schreibe den Text in deinem Heft fehlerfrei auf.

Das Verlängern hilft dir auch, zusammengesetzte Nomen mit **b, d, g**
richtig zu schreiben. Dazu musst du die Wörter zerlegen.

8 Leite die richtige Schreibweise der Nomen her.
a. Zerlege die zusammengesetzten Nomen.
b. Verlängere das erste Nomen: Schreibe den Plural auf.
c. Ergänze bei dem zusammengesetzten Nomen den fehlenden Buchstaben.
d. Schreibe das zusammengesetzte Nomen vollständig auf.

zusammengesetztes Nomen	Plural	richtige Schreibweise
das Aben*d*brot	*die Abende*	*das Abendbrot*
der Fahrra___helm		
die Zu___begleiterin		
der Han___schuh		
der Wal___rand		
die Ber___luft		
der Kor___sessel		

Wörter ableiten

Wenn du unsicher bist, ob ein Wort mit **ä** oder **e**, mit **äu** oder **eu** geschrieben wird, dann hilft dir die Ableitungsprobe.
Diese Wörter mit **ä** oder **äu** sind Nachdenkwörter.

> **Merkwissen**
>
> **ä** und **e** klingen in vielen Wörtern ähnlich; **äu** und **eu** klingen gleich.
> Du kannst Wörter mit **ä** oder **äu** von verwandten Wörtern mit **a** oder **au** ableiten.
>
> m**ä**chtig – die M**a**cht   die H**äu**ser – das H**au**s   sie l**äu**ft – l**au**fen
>
> ?   a 🔯 ä   ?   au 🔯 äu   ?   au 🔯 äu

1   Lies den folgenden Text.

Wesnas Berufswünsche

Wesna unterhält sich mit einem Berufsberater. Er fragt sie nach ihren Wünschen

für die Zukunft. Zögernd antwortet Wesna: „Oft träume ich davon, Verkäuferin

in einem Modeladen zu werden. Aber ich würde auch gern mit Blumen arbeiten,

zum Beispiel Sträuße binden. Die Entscheidung fällt mir noch ein bisschen schwer.“

2   Mit wem unterhält sich Wesna? Markiere es im Text.

3   Leite die Wörter mit **ä** und **äu** aus dem Text von verwandten Wörtern ab.
     a. Unterstreiche die Wörter mit **ä** und **äu**.
     b. Schreibe die unterstrichenen Wörter auf und
         ergänze jeweils ein verwandtes Wort mit **a** oder **au**.
     c. Markiere in den Wörtern **ä** oder **äu** und **a** oder **au**.

    *unterh**ä**lt – unterh**a**lten,*

4   Lies, wie das Gespräch zwischen Wesna und dem Berufsberater weitergeht.

Der Berufsberater l ? chelt. „Bei so unterschiedlichen Ideen solltest du einfach

ein Praktikum in beiden Berufen machen. Dann stellst du fest, wo deine St ? rken

liegen: Hast du geschickte H ? nde oder r ? mst du gern Dinge ein? Oft f ? llt einem

dann die Entscheidung leichter. Ich schreibe dir eine G ? rtnerei und

einen Modeladen auf.“ Kurz danach verl ? sst Wesna zufrieden das Geb ? de.

5   Was rät der Berufsberater Wesna? Markiere es im Text.

6   **a.** Schreibe den Text in deinem Heft auf.
     b. Ergänze dabei in den hervorgehobenen Wörtern die fehlenden Buchstaben.
         Suche dafür verwandte Wörter mit Hilfe der Ableitungsprobe.

weitere Übungen
zum Ableiten ➤ **S. 75**

56

Mit Wortbausteinen üben

Viele Wörter sind aus mehreren Teilen zusammengesetzt:
aus dem Wortstamm und anderen Wortbausteinen.
Wortbausteine helfen dir, Nachdenkwörter richtig zu schreiben.

Wortbildung: Baustelle Verben

Vorsilben sind Wortbausteine.
Häufig verwendete Vorsilben in Verben sind **ver-**, **vor-**, **er-** und **ein-**.
So entstehen Verben mit einer anderen Bedeutung.

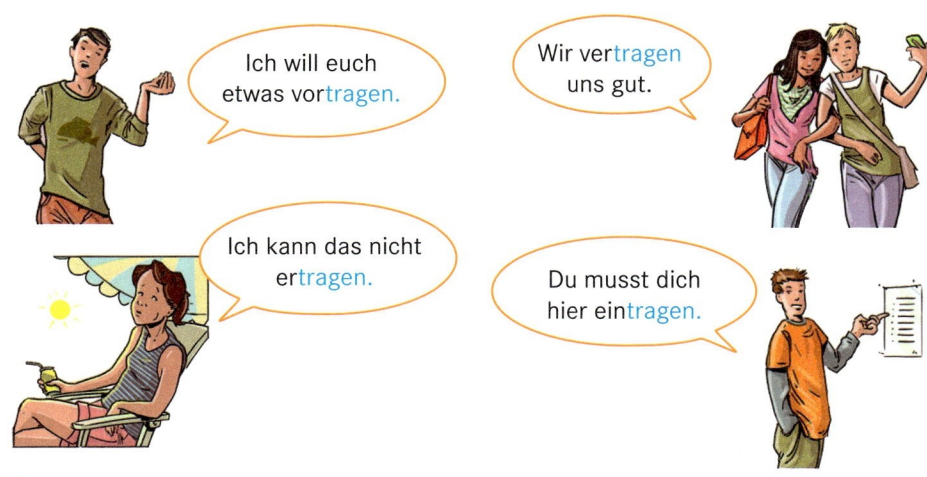

1 In den Sprechblasen ist das Verb **tragen** hervorgehoben.
   a. Markiere die verschiedenen Vorsilben des Verbs.
   b. Schreibe die Verben auf.

   vortragen,

2 Welche Bedeutung haben die Verben?
   Schreibe zu jedem Satz den passenden Satz aus den Sprechblasen auf.
   Tipp: Die Bilder helfen dir.

Ich kann das nicht aushalten.   *Ich kann das nicht ertragen.*

Wir verstehen uns gut.

Ich will euch etwas laut vorlesen.

Du musst deinen Namen hier aufschreiben.

3 Welches Verb passt in welche Lücke?
   Ergänze die Sätze mit einem passenden Verb aus Aufgabe 1.
   Tipp: Die Verbformen ändern sich.

Mit seinen Geschwistern _____ er sich selten gut.

Im Reitstall müssen sich die Jugendlichen in eine Liste _____ .

Wie _____ du nur diesen Lärm?

4 Schreibe mit den Verben aus Aufgabe 1 eigene Sätze in deinem Heft auf.

57

Wortbildung: Baustelle Nomen

Am Montag beginnt für Celina, Büsra, Mila und Jesko das Berufspraktikum.

1 Lies den folgenden Text.

Das Berufspraktikum

„Wo machst du dein Praktikum, Celina?", fragt Mila. „Ich werde als Buchdruckerin

arbeiten. Und nebenan ist die Tischlerei, in der Jesko als Möbeltischler arbeiten wird.

Da können wir zusammen fahren." Büsra mischt sich ein: „Habt ihr denn

die gleichen Arbeitszeiten? Ich muss als Veranstaltungskauffrau nämlich erst

um zehn Uhr in meinem Betrieb sein." Celina und Jesko nicken, denn das klappt.

Mila freut sich ebenfalls. „Ich wohne sogar zwei Wochen bei meiner Tante

am Starnberger See. So kann ich mein Praktikum bei einem Bootsbauer machen."

2 Welche Berufe erkunden die Jugendlichen in ihrem Praktikum?
Schreibe sie auf.

3 **a.** Im Text findest du sechs zusammengesetzte Nomen.
Unterstreiche sie.
b. Schreibe die zusammengesetzten Nomen mit ihren Artikeln in deinem Heft auf.
Tipp: Achte darauf, dass bei einigen Wörtern ein **s** dazwischensteht:
der Beruf + **s** + das Praktikum = das Beruf**s**praktikum.
c. Markiere bei den zusammengesetzten Nomen den Artikel und das zweite Nomen.

4 **a.** Bilde zusammengesetzte Nomen.
Schreibe die männliche und die weibliche Form auf.
b. Markiere das **s** zwischen den Nomen.

die Hauswirtschaft + s + der Helfer =   *der Hauswirtschaftshelfer,*
   die Hauswirtschaftshelferin

die Information + s + die Technikerin =

das Schiff + s + die Mechanikerin =

Regelwissen anwenden: Nomen großschreiben

Die Tipps zum Erkennen von Nomen wiederholen

1 Lies den folgenden Text.

Fit ins Praktikum

Mittags kamen die <u>Achtklässler</u> Pia, Lisa und Vlado zu uns. Sie erzählten

von ihrem Praktikum. Pia sagte: „Beim Frisör durfte ich viel helfen. Im Gespräch

mit den Kundinnen und den Kunden ist Höflichkeit sehr wichtig.

Ich habe viele Informationen über meinen Traumberuf erhalten,

aber es war anstrengend, so lange zu stehen."

Vlado lächelte und sagte: „Bei mir war es genau umgekehrt. Vom Fußballtraining

bin ich Bewegung gewohnt, aber im Büro musste ich lange sitzen und habe

die Post in unterschiedliche Mappen sortiert. Da haben meine Beine richtig gekribbelt."

Der Text enthält viele Nomen. Einige findest du mit Hilfe der Tipps 1 bis 5.

weitere Übungen
zu Nomen ➤ **S. 72**

2 **a.** Dreizehn Nomen findest du mit Hilfe der Tipps 1 bis 5. Unterstreiche sie.
   b. Schreibe die unterstrichenen Nomen mit dem bestimmten Artikel auf.
      Notiere dazu den Tipp oder die Tipps, die du beachtet hast.

die Achtklässler (Tipp 2),

Im Text auf Seite 59 stehen auch Nomen, die du mit Hilfe der Tipps 6 oder 7 findest.

3 Finde im Text die Nomen, vor denen eine Präposition steht,
die mit einem Artikel verschmolzen ist.
Schreibe die Nomen mit den Präpositionen auf.

4 Finde im Text das Nomen, vor dem ein Zahlwort steht.
Schreibe das Nomen mit dem Zahlwort auf.

In dem folgenden Text sind alle Nomen kleingeschrieben.
Du kannst sie mit Hilfe der Tipps 1 bis 7 erkennen.

5 **a.** Lies den Text.
b. Finde die Nomen mit Hilfe der Tipps und unterstreiche sie.
c. Schreibe die Nomen richtig auf.
Notiere dazu den Tipp oder die Tipps, die du beachtet hast.

Lisa (Tipp 1)

Auch lisa berichtete von ihrem praktikum: „Ich war in einem seniorenheim.

Dort ist aufmerksamkeit sehr wichtig. Viele bewohner brauchen morgens

unterstützung durch eine pflegekraft, zum beispiel beim anziehen.

Dann wurde das frühstück zubereitet und ich habe beim verteilen geholfen.

Anschließend hat meine betreuerin mich gebeten, zwei bewohnerinnen

in den gemeinschaftsraum zu begleiten. Als begleitung hatte ich

eine verantwortungsvolle aufgabe. Ich durfte nicht zu schnell gehen und

musste den kürzesten weg finden."

6 Schreibe den Text in der richtigen Groß- und Kleinschreibung in deinem Heft auf.

Achtung:
Fehler!

60

Nominalisierte Verben und Adjektive

Du weißt bereits, dass auch Verben und Adjektive zu Nomen werden können.
Du erkennst es an ihren Begleitern.

Die Wörter **das**, **beim**, **zum** und **vom** machen Verben zu Nomen.

weitere Übungen
zu Nominalisierungen ➤ S. 76

1 Die Verben in den folgenden Sätzen können zu Nomen werden.
Schreibe die Regeln auf. Verwandle dazu die hervorgehobenen Verben in Nomen.

Im Seniorenheim ist es verboten, zu schreien.

Das Schreien

Es ist wichtig, die Anweisungen der Pfleger zu befolgen.

Es ist gefährlich, Sicherheitsvorschriften zu missachten.

Die Wörter **etwas**, **nichts** und **alles** machen Adjektive zu Nomen.

2 Bilde mit den Wörtern **etwas**, **nichts**, **alles** und den Adjektiven Wortgruppen.
  a. Schreibe die Wortgruppen auf.
  b. Schreibe zu jeder Wortgruppe einen Satz in deinem Heft auf.

etwas nichts alles	+	gut bunt gesund

etwas Gutes,

Großschreibung von Eigennamen

Merkwissen

> Eigennamen wie die Namen von Personen (z. B. Vornamen, Nachnamen), Lebewesen und
> Orten (z. B. Länder, Straßen) werden großgeschrieben. Bestehen Eigennamen aus mehreren
> Wörtern, werden alle Adjektive und Nomen großgeschrieben.
> Johann Wolfgang von Goethe, der Bayerische Wald

3 In den folgenden Sätzen sind die Eigennamen kleingeschrieben.
Schreibe sie in der richtigen Schreibweise in die Lücken.

Mein Opa (walter) _____ arbeitete in einem Bergwerk

im (bayerischen wald) _____.

In seiner Freizeit ging er oft zum Bergsteigen und kletterte

auf den (großen arber) _____.

Meine Großmutter arbeitete beim (roten kreuz) _____.

Großschreibung von Zeitangaben

Wochentage und Tageszeiten werden großgeschrieben, wenn sie Nomen sind.
Auch Zusammensetzungen aus Wochentag und Tageszeit
werden immer zusammen- und großgeschrieben. Beispiel: **am Samstagmorgen**

weitere Übungen
zu Zeitangaben ➤ **S. 77**

1 Setze die Wochentage und Tageszeiten zusammen.

der Montag + der Vormittag = am _Montagvormittag_

der Mittwoch + der Morgen = am _____

der Freitag + die Nacht = in der _____

2 **a.** Lies den folgenden Text.
b. Unterstreiche die Zusammensetzungen aus Wochentag und Tageszeit.

Das Programm der Klassenfahrt – Teil 1

Am <u>Montagmorgen</u> wurde die Klasse 7 b mit einem Bus in die Jugendherberge gebracht.

Nachdem sich alle die Zimmer ausgesucht hatten, trug Maike beim Essen

das Programm vor: „Den Montagnachmittag können wir nutzen, um das Gelände

der Jugendherberge zu erkunden. Am Montagabend beziehen wir die Betten, damit

jeder ein sauberes Bett hat. Am Dienstagmorgen gibt es die von Sahin, Tim, Fred

und Kai geplante Stadtrallye. Den Dienstagnachmittag nutzen wir für einen Besuch

des Freibades und am Dienstagabend besprechen wir die weitere Planung."

3 Schreibe die Zusammensetzungen aus dem Text auf.

am _Montagmorgen_   am _____

am _____   am _____

am _____   am _____

4 **a.** Lies die folgende Fortsetzung des Textes.
b. Ergänze in den Lücken Zusammensetzungen aus Wochentag und Tageszeit.

Das Programm der Klassenfahrt – Teil 2

Am _Dienstagabend_ erläutert Mesut den Plan für die nächsten Tage:

„Für den _____ hat Herr Hagen

eine Überraschung geplant. Haltet euch ab 7 Uhr bereit! Nach dem Essen

gibt es am _____ Gemeinschaftsspiele.

Richtig spannend wird es danach in der _____

bei der Nachtwanderung! Am _____ müssen wir packen."

der Dienstag
+ der Abend

der Mittwoch
+ der Morgen

der Donnerstag
+ die Nacht

der Freitag
+ der Vormittag

der Mittwoch
+ der Nachmittag

Denke aber daran: Tageszeiten und Wochentage mit einem s am Ende sind Adverbien und werden kleingeschrieben. Beispiele: **morgens, montags**

5 Ergänze den Lückentext mit den Adverbien vom Rand.

Max: Kommst du am Dienstag zum Basketball?

Sascha: Nach der Schule gehe ich _____ zum Gitarrenunterricht.

Meine Hausaufgaben mache ich _____.

Max: Und was machst du am Mittwoch?

Sascha: Ich bin _____ immer im Skaterpark.

Max: Und am Sonntag?

Sascha: Meist fahre ich _____ mit meiner Familie weg,

aber erst am Nachmittag. Wir können uns also _____ treffen.

dienstags
abends
mittwochs
sonntags
morgens

6 Bilde Adverbien mit **s** und schreibe sie auf.

der Montag – *montags* _____ der Vormittag – _____

der Donnerstag – _____ der Mittag – _____

der Freitag – _____ der Nachmittag – _____

der Samstag – _____ die Nacht – _____

Jetzt kannst du dein Wissen überprüfen.

7 Ergänze die Merksätze.

Aus **Wochentagen** und _____ kann man

zusammengesetzte _____ bilden.

_____ und **Tageszeiten** mit einem s am _____

sind _____. Sie werden **kleingeschrieben.**

8 Ergänze die folgenden Sätze.
Bilde Zeitangaben und setze sie ein.

Am (Samstag + Abend) _____ sehe ich mir
ein Fußballspiel an.

Ich bin (Morgen + **s**) _____ manchmal noch sehr müde.

Frank und Lukas gehen (Mittwoch + **s**) _____
zum Badminton.

Wir probieren am (Dienstag + Nachmittag) _____
das Spiel aus.

Was ist schöner, als (Sonntag + Morgen + **s**) _____
auszuschlafen?

Regelwissen anwenden: Wortgruppen getrennt schreiben ⓡ

1 Bilde aus den folgenden Nomen und Verben Wortgruppen.
    a. Verbinde die Nomen mit den passenden Verben.
    b. Schreibe die Wortgruppen auf.
    c. Schreibe zu jeder Wortgruppe einen Satz in deinem Heft auf.

Radio	machen
Zeitung	führen
Feuer	schließen
Frieden	hören
Krieg	lesen
Müll	fahren
Basketball	trennen
Rollstuhl	spielen

2 **a.** Lies die folgenden Sätze.
    b. Setze die passenden Wortgruppen aus Adjektiv und Verb vom Rand ein.

Bei einem Basketballspiel müssen die Spieler _____ .

und _____ .

Ist der Gegner stärker, sollten sie dennoch möglichst _____ .

In der Pause kann sich die Mannschaft _____ .

Alle Sportler sollten stets _____ .

In der Mannschaft darf sich der Einzelne nicht zu _____ .

schnell dribbeln
kurz ausruhen
fair kämpfen
ruhig bleiben
hoch werfen
wichtig nehmen

3 Bilde mit den Wortgruppen aus Verb und Verb vom Rand jeweils einen sinnvollen Satz.
   Versuche dabei, Satzreihen oder Satzgefüge zu bilden.
   Schreibe die Sätze in deinem Heft auf.

baden gehen
liegen bleiben
schätzen lernen
fallen lassen

Merkwörter mit i üben

Merkwörter sind Wörter, deren Schreibweise du nicht durch Strategien oder Regeln herleiten kannst. Übe sie immer wieder.

Die meisten Wörter mit langem i schreibst du mit ie.
Die Schreibung von einigen Wörtern mit langem i musst du dir merken.

Ist dir schon einmal Raps begegnet?

Im Mai können wir auf dem Land fast überall gelbe Rapsfelder bewundern.

Raps ist eine wirtschaftlich bedeutende Pflanze, denn aus seinen Samenkörnern

kann man Rapsöl gewinnen. Aus drei Kilo Rapssaat wird etwa ein Liter Rapsöl

gepresst. Die Reste ergeben einen festen Rapskuchen, der ein wichtiges Futtermittel

für Nutztiere ist. Vor allem kalt gepresstes Rapsöl hat viele Vitamine.

Aus dem Rapsöl werden auch Margarine und andere Backfette hergestellt.

Das heiß gepresste Rapsöl nutzt man außerdem zum Einfetten von Maschinen.

Raps wird auch zur Herstellung von Kraftstoff verwendet.

Es kann normales Benzin ersetzen.

1 Im Text findest du Merkwörter mit i.
   a. Unterstreiche die Merkwörter.
   b. Schreibe die Merkwörter auf. Ergänze bei Nomen den bestimmten Artikel.
   c. Markiere das i.

   dir

2 Schreibe den Text aus Aufgabe 1 in deinem Heft auf.

Auch das Wort **wider** schreibst du mit i, wenn es die Bedeutung von **gegen** hat.

3 **a.** Verbinde die mit **wider** zusammengesetzten Wörter mit ihren Bedeutungen.
   b. Schreibe die Wörter und ihre Bedeutungen in deinem Heft auf.
   c. Markiere das i.

der Widerstand	etwas dagegen sagen
widersprechen	ungern
widerstehen	antworten
widerwillig	einem Wunsch nicht nachgeben
erwidern	die Abwehrhaltung

Zeichensetzung

Komma bei dass, weil, obwohl

1 Lies den folgenden Text.

Soziale Netzwerke

Die Klasse 7 a spricht im Deutschunterricht über soziale Netzwerke.

Kolja findet, dass soziale Netzwerke gut sind. Nadia ist Mitglied in einem Netzwerk,

weil ihre Freunde es sind. Keira ist dort angemeldet, obwohl ihre Eltern dagegen sind.

Boris glaubt, dass durch das Chatten im Internet neue Freundschaften entstehen.

Milo hat sein Profil gelöscht weil ihm ein anderes Netzwerk besser gefällt.

Nachmittags chattet Janja obwohl sie ihre Freunde schon vormittags gesehen hat.

Tarik findet es gut dass man in den Profilen von anderen viel über sie erfahren kann.

Achtung:
Fehler!

2 Im Text findest du Sätze mit **dass**, **weil** und **obwohl**.
   a. Unterstreiche in jedem Satz **dass**, **weil** oder **obwohl**.
   b. Markiere im ersten Absatz jeweils die Kommas.
   c. Im zweiten Absatz fehlen die Kommas. Setze sie.

3 Schreibe den Text aus Aufgabe 1 in deinem Heft auf.
   Setze dabei alle Kommas.

Welche Erfahrungen hast du mit sozialen Netzwerken gemacht?

4 **a.** Bilde mit Hilfe der Tabelle Sätze und schreibe sie in deinem Heft auf.
   b. Markiere das Komma.
   c. Stelle die Satzgefüge so um, dass der Nebensatz am Anfang steht.

weitere Übungen
zum Komma
bei Nebensätzen ➤ S. 71, 73

Starthilfe

Dass alle meine Fotos sehen können, ...

| Ich befürchte,
Gar nicht gefällt mir, | dass | das Internet nicht sicher ist.
alle meine Fotos sehen können. |
| Zu meiner Party sind
nur wenige gekommen,
Meine Freundin chattet viel, | obwohl
weil | ich alle meine 150 Freunde
eingeladen habe.
sie Angst hat, etwas zu verpassen. |

Komma in Relativsätzen

1 Lies den folgenden Text.

Mit Profil

User nennt man einen Menschen, <u>der</u> Mitglied in einem sozialen Netzwerk ist.

Jeder User gestaltet für sich eine Seite, die er ins Netz stellt.

Man erstellt ein Profil, das möglichst viel über einen aussagt.

Es gibt mehrere soziale Netzwerke, die für Schüler kostenlos sind.

Ayla erzählt von ihrem Netzwerk: „Ich kann jedem User schreiben der mich

interessiert. Auf meiner Seite gibt es eine Pinnwand die Veröffentlichungen

von anderen enthält. Ich habe ein Profilbild das nicht zu persönlich ist.

Mein Netzwerk besteht aus Seiten die von den Usern gestaltet werden."

Achtung:
Fehler!

2 Was ist ein User? Markiere es im Text.

3 Im Text findest du viele Relativpronomen.
   a. Unterstreiche in jedem Satz das Relativpronomen der, das, die oder die.
   b. Markiere im ersten Absatz jeweils die Kommas.
   c. Im zweiten Absatz fehlen die Kommas. Setze sie.

4 Schreibe den Text aus Aufgabe 1 vollständig in deinem Heft auf.

5 **a.** Verbinde die folgenden Satzanfänge mit den passenden Relativsätzen.
   b. Schreibe die vollständigen Sätze auf und ergänze die fehlenden Kommas.
   c. Markiere die Kommas.

Gib niemandem Informationen	die dich schützen.
In jedem sozialen Netzwerk gibt es Regeln	die persönlich sind.
Sei misstrauisch bei Nachfragen	das dich nicht blamiert.
Verwende nur ein Foto	die persönliche Angaben von dir verlangen.

Komma in Infinitivsätzen

1 Lies den folgenden Text.

Das Willkommenslied

Heute beginnt Jantos Praktikum im Kindergarten. Er hat zwei Wecker

gestellt, um sich nicht zu verspäten. Im Kindergarten wartet schon

die Leiterin, um Janto zu begrüßen. Sie zeigt ihm zuerst alle Räume

und Gruppen. Danach sitzt Janto allein im Büro. Er spitzt die Ohren.

Er hört Geräusche vor der Tür.

Die Leiterin kommt um Janto zu holen. Im Flur haben sich die Kindergartenkinder

aufgestellt um ein Willkommenslied für ihn zu singen.

Achtung: Fehler!

2 Was hat Janto gemacht, um nicht zu verschlafen? Markiere es im Text.

3 Im ersten Absatz findest du zwei Infinitivsätze.
- **a.** Unterstreiche in diesen Sätzen die Verben im Infinitiv und die Wörter **um** und **zu**.
- **b.** Markiere die Kommas.

4 Im zweiten Absatz findest du zwei Infinitivsätze.
- **a.** Schreibe die Sätze auf.
- **b.** Unterstreiche die Verben im Infinitiv und die Wörter **um** und **zu**.
- **c.** Setze die Kommas und markiere sie.

Die Leiterin

5 **a.** Schreibe den Text aus Aufgabe 1 in deinem Heft auf. Setze alle Kommas.
- **b.** Unterstreiche das Verb im Infinitiv und die Wörter **um** und **zu**.
- **c.** Markiere die Kommas.

6 **a.** Schreibe die folgenden Sätze mit **um ... zu** in deinem Heft auf.
    Achte auf die Kommasetzung.
- **b.** Bilde fünf eigene Sätze mit **um ... zu** und schreibe sie in dein Heft.

	,	um		zu	
Janto kniet sich hin			dem Jungen die Nase		putzen.
Ein Kind nimmt Jantos Hand			ihn in die Autoecke		ziehen.
Die Kinder decken den Tisch			mit Janto		frühstücken.
Emil und Esra malen Bilder			sie Janto		schenken.

Satzzeichen bei wörtlicher Rede

Heute diskutiert Yasemins Klasse über Nutzen und Gefahren sozialer Netzwerke.

Ich finde mein Netzwerk
gut, weil ich dort
nachmittags meine
Freunde treffe.

Yasemin

Ich hätte Angst,
dort von Fremden
belästigt zu werden.

Kasia

Wäre es nicht schöner,
die Freunde persönlich
zu treffen?

Mika

Achte darauf,
welche Informationen du
von dir preisgibst.

Nico

1 Was sagen Yasemin, Mika, Kasia und Nico?
   a. Schreibe die Sätze als wörtliche Rede auf.
   b. Setze Anführungszeichen, Kommas und Doppelpunkte.

Yasemin sagt: 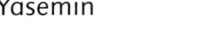 *„Ich finde* _____

_____

_____ fragt Mika.

Kasia entgegnet: _____

_____

_____ rät Nico.

2 Im folgenden Text fehlt die Zeichensetzung bei der wörtlichen Rede.
   a. Setze im Text die fehlenden Zeichen ein.
   b. Schreibe den Text in deinem Heft auf.

Laura sagt Das größte Problem an Netzwerken ist das Mobbing!

Ich hätte Angst davor, im Internet beleidigt zu werden sagt Caro.

Tim überlegt Ich wüsste gar nicht, was ich in so einem Fall tun sollte.

Ich denke, man sollte sich einem Erwachsenen anvertrauen rät Amed.

weitere Übungen
zu Satzzeichen
bei wörtlicher Rede ➤ **S. 77**

Achtung:
Fehler!

Texte lesen – üben – richtig schreiben

1. Trainingseinheit: Adjektive mit Nachsilben, Fremdwörter mit -ieren und -(t)ion, Komma bei Nebensätzen

1 Lies den Text.

Urzeittiere |

Bei Ausgrabungen | finden Forscher immer wieder | Skelette von Tieren aus der Urzeit. |

Diese Tiere lebten, | als es auf der Erde | noch keine Menschen gab. |

Die meisten Urzeittiere | waren friedliche Pflanzenfresser. | Es gab aber auch Arten, |

die für andere Tiere | sehr gefährlich werden konnten. | Norwegische Forscher |

fanden ein Skelett, | das einem Reptil | aus dem Meer gehörte. | Es war acht Meter lang |

und hatte riesige Zähne. | Jeder Zahn war so groß | wie eine Ananas. |

Nach mühsamen Grabungen | fanden die Forscher mehr Knochen | von Meeresreptilien. |

Weil der Fundort in Norwegen | so ergiebig ist, | werden die Ausgrabungen fortgesetzt. |

Ein Museum wird | zu wichtigen Fundstücken | eine neue Ausstellung organisieren. |

2 Wo werden die Fundstücke ausgestellt? Markiere es im Text.

Der Text enthält Adjektive mit den Nachsilben -ig, -lich, -isch und -sam.

3 **a.** Unterstreiche im Text die Adjektive mit den Nachsilben -ig, -lich, -isch und -sam.
b. Schreibe die Adjektive in der Grundform in deinem Heft auf.
c. Markiere -ig, -lich, -isch und -sam.

4 Bilde aus den folgenden Nomen Adjektive mit den Nachsilben -ig oder -lich und schreibe sie in deinem Heft auf.

| der Ärger die Angst das Ende | + lich | die Gewalt das Gift das Salz | + ig |

5 Bilde aus den folgenden Wörtern Adjektive mit den Nachsilben -isch oder -sam und schreibe sie in deinem Heft auf.

der Dieb, der Neid, schweigen, sparen, sorgen, der Sturm, das Telefon, wachen

Wörter mit -ieren und -(t)ion sind häufig Fremdwörter.
Du musst dir merken, wie sie geschrieben werden.
Wenn du die Bedeutung der Wörter nicht kennst, schlage im Wörterbuch nach.

6 **a.** Im Text steht ein Verb mit der Endung -ieren.
Unterstreiche es.

b. Zeichne eine Tabelle in dein Heft.

c. Trage das Verb ein und ergänze das passende Nomen mit **-tion**.
Schreibe das Nomen mit dem bestimmten Artikel auf.

Starthilfe

Verb mit -ieren	Nomen mit -tion
...	...

7 Schreibe die folgenden Verben in die Tabelle und
ergänze passende Nomen.

vibrieren, addieren, produzieren, subtrahieren, argumentieren, multiplizieren

8 Was bedeuten die Nomen aus den Aufgaben 6 und 7?
a. Schlage die Nomen im Wörterbuch nach.
b. Schreibe die Nomen mit Erklärungen in deinem Heft auf.

Ein Nebensatz wird durch eine Konjunktion wie zum Beispiel **als** oder **weil**
mit dem Hauptsatz verbunden (Satzgefüge).
Der Hauptsatz und der Nebensatz werden durch ein Komma voneinander abgetrennt.
Im Nebensatz steht die gebeugte Verbform an letzter Stelle.

Komma bei dass, weil, obwohl
➤ S. 66

9 Der Text enthält zwei Sätze mit den Konjunktionen **als** oder **weil**.
a. Schreibe die Satzgefüge ab.
b. Unterstreiche die Hauptsätze und die Nebensätze in verschiedenen Farben.
c. Markiere die gebeugten Verbformen.
d. Kreise die Konjunktion ein und markiere das Komma.

10 **a.** Stelle die Sätze aus Aufgabe 9 um.
Schreibe die umgestellten Sätze in deinem Heft auf.
b. Kreise die Konjunktion ein und markiere das Komma.

11 Schreibe den Text „Urzeittiere" ab.
Beachte die sieben Schritte der Arbeitstechnik „Abschreiben".

Abschreiben
➤ Umschlaginnenseite
hinten

2. Trainingseinheit:
Nomen mit -ung, -heit und -keit,
Getrenntschreibung bei Wortgruppen,
Komma bei Nebensätzen mit dass

1 Lies den Text.

Im Spiegel |

Corinnas Familie | war am Wochenende | in eine neue Wohnung gezogen. |

Alle hatten mitgeholfen und waren zu spät schlafen gegangen. | Daher lag Corinna |

am Montagmorgen um sieben Uhr | noch im Bett. |

Die Mutter wusste aber, | dass sie Corinna | wecken musste. | „Steh bitte |

trotz deiner Müdigkeit auf! | Sonst beginnt dein erster Schultag | mit Verspätung. |

Du hast | am Wochenende | die Gelegenheit, | auszuschlafen.‟ |

Corinna gähnte noch einmal | und ging ins Bad. | Aus Gewohnheit | sah sie zuerst |

in den Spiegel. | Sie fragte sich, | ob es in der neuen Klasse | wohl Schwierigkeiten |

geben könnte. | Plötzlich sprach ihr Spiegelbild: | „Kein Grund zur Sorge, | Corinna. |

Sei einfach du selbst!‟ | Da wusste Corinna: | Es würde | ein schöner Tag werden. |

2 Was sagt Corinnas Spiegelbild? Schreibe die Sätze ab.

Wörter mit den Nachsilben **-ung**, **-heit** und **-keit** sind Nomen.
Nomen werden großgeschrieben.

Nomen großschreiben
► S. 59–60

3 **a.** Markiere im Text die sechs Nomen mit den Nachsilben **-ung**, **-heit** und **-keit**.
 b. Schreibe die Nomen mit Artikel in die Tabelle.

Nomen mit -ung	Nomen mit -heit	Nomen mit -keit

4 **a.** Bilde zu den folgenden Wörtern Nomen mit **-ung**, **-heit** und **-keit**.
 Schreibe die Nomen mit Artikel in deinem Heft auf.
 b. Kontrolliere mit Hilfe eines Wörterbuchs.

> frei, retten, großzügig, erholen,
> gesund, ängstlich, krank, sauber

Wortgruppen schreibst du in der Regel getrennt.

5 Im Text findest du die Wortgruppen **zu spät** und **noch einmal**.
   a. Unterstreiche die Wortgruppen.
   b. Schreibe die Sätze ab und markiere die Wortgruppen.

6 Bilde mit den folgenden Wortgruppen eigene Sätze.
   Schreibe die Sätze in deinem Heft auf.

   Starthilfe

   Dieser Pullover passt mir nicht, er ist viel …

   zu weit, zu klein, allzu wenig,
   gar keine, wie viele, darüber hinaus

Hauptsätze und Nebensätze werden durch Kommas voneinander getrennt.

Komma bei dass, weil, obwohl
➤ S. 66

7 Im Text findest du ein Satzgefüge, das folgendem Satzbild entspricht.

   _____ ? _____ , **dass** _____ ? _____ .
   Hauptsatz   Nebensatz

   a. Schreibe das Satzgefüge ab.
   b. Kreise die Konjunktion **dass** ein und markiere das Komma.

8 Bilde Satzgefüge mit **dass**-Sätzen und schreibe sie auf.

   Ich hoffe, …
   Ich bin mir sicher, …
   Ich wünsche mir, …
   Ich denke, …

9 Schreibe den Text „Im Spiegel" ab.
   Beachte die sieben Schritte der Arbeitstechnik „Abschreiben".

Abschreiben
➤ Umschlaginnenseite
hinten

3. Trainingseinheit: Merkwörter mit h, Wörter ableiten, Worttrennung

1 Lies den Text.

„Girls' Day und Boys' Day" |

Jedes <u>Jahr</u> findet | in ganz Deutschland | der „Girls' Day" statt. | Dann können sich |
Mädchen über Berufe | informieren, | die oft als typische Berufe | für <mark>Männer</mark> gelten. |
An vielen Schulen | gibt es mittlerweile | auch einen „Boys' Day". |
Die Jungen können sich | dann auch | mit Berufen beschäftigen, | die eher von Frauen |
5 ausgeübt werden. | Aus Aylins Klasse | meldeten sich | zwölf Mädchen |
für verschiedene Berufe an. | Einige Jungen | interessierten sich | für Pflegeberufe. |
Manche gingen | in verschiedene | Seniorenheime und | informierten sich |
über den Beruf | des Altenpflegers. | Fünf Jungen | besuchten |
verschiedene <mark>Krankenhäuser</mark> | in der Umgebung. | Aylin fand einen Platz |
10 bei der <u>Feuerwehr</u>. | Ein freundlicher Mitarbeiter | <u>führte</u> sie | überall herum. |
Er zeigte ihr | zum Beispiel, | wie die <mark>Schläuche</mark> | gereinigt werden. | Sie durfte sogar |
einen Feuerlöscher bedienen. | In ihrem Artikel | für die Schülerzeitung | schreibt sie |
über <u>ihre</u> <u>Erfahrungen</u>: | Am Mittwoch, | dem 25. April, | war ich zum „Girls' Day" |
bei der Feuerwehr. | Ich habe viel | über den <u>ungewöhnlichen</u> Beruf | erfahren. |
15 Besonders gut | finde ich, | dass man dort <mark>täglich</mark> | Menschen helfen kann. |
Man darf nicht | <mark>ängstlich</mark> sein. | Es gibt auch | eine <u>Jugendfeuerwehr</u>. | Wer mindestens |
<u>zehn</u> Jahre alt ist, | kann mitmachen. | Das möchte ich | gern ausprobieren, | bevor ich |
mich später | um ein Praktikum | bewerbe. |

2 Was können Mädchen am „Girls' Day" tun? Markiere die Antwort im Text.

In manchen Wörtern steht nach langem Vokal oder Umlaut (ä, ö, ü) ein h.
Diese Wörter sind Merkwörter.

3 Im Text sind die Merkwörter mit h unterstrichen.
Schreibe die Wörter in deinem Heft auf und markiere das h.

4 Schreibe die Merkwörter mit h nach dem Alphabet geordnet in deinem Heft auf.

> berühmt, die Wahrheit, mehr, sehr, nehmen, ungefährlich, der Verkehr,
> ähnlich, während, fühlen, wählen, die Bahn, erzählen, ihnen, das Jahr

Wörter einer Wortfamilie schreibt man gleich.

5 **a.** Wähle fünf Wörter aus Aufgabe 4 aus. Schreibe ein verwandtes Wort auf.
    b. Markiere jeweils das **h**.

berü<mark>h</mark>mt – der Ru<mark>hm</mark>

Wenn du unsicher bist, ob ein Wort mit **ä** oder **e**, mit **äu** oder **eu** geschrieben wird, dann hilft dir die Ableitungsprobe.

Wörter ableiten ➤ S. 56

6 **a.** Schreibe die im Text hervorgehobenen Wörter mit **ä** und **äu** in die Tabelle.
    b. Ergänze verwandte Wörter. Denke bei den Nomen an den Artikel.

Wort mit ä/äu	verwandtes Wort mit a/au
die Männer	*der Mann*

Sprechsilben helfen dir, wenn du am Zeilenende ein Wort trennen musst.
Achtung: Ein einzelner Vokal am Wortanfang wird nicht getrennt.

7 Finn berichtet über den Boys' Day im Seniorenheim.
    Einige Wörter sind falsch getrennt.
    a. Unterstreiche falsch getrennte Wörter.
    b. Sprich die unterstrichenen Wörter langsam und deutlich.
    c. Schreibe die Wörter Silbe für Silbe mit Trennstrichen auf.

*Gestern war ich in einem Seniorenh-
eim und informierte mich über den
Beruf des Altenpflegers. Ich unte-
rhielt mich dort mit den Senioren,
durfte sie in den Essenraum begleiten. Auch danach beim E-
ssen konnte ich helfen. Ein Praktikum dort fände ich interessant.*

8 Schreibe den Text „Girls' Day und Boys' Day" ab.
    Beachte die sieben Schritte der Arbeitstechnik „Abschreiben".

Abschreiben
➤ Umschlaginnenseite
hinten

4. Trainingseinheit: Nominalisierungen, Zeitangaben, Großschreibung von Zahlwörtern, wörtliche Rede

1 Lies den Text.

Ein einmaliges Kennzeichen |

Als die Kommissarin den Tatort | am Freitag gegen Nachmittag | als Erste erreicht, |

sieht es so aus, | als hätte der Einbrecher nachts alle Spuren seiner Tat |

erfolgreich beseitigt. | „Aber es müssen doch Fingerabdrücke da sein", |

wendet sich die Kommissarin an den Mann von der Spurensicherung. |

5 Er entgegnet: | „Leider hat der Täter nach dem Aufbrechen der Tür alles abgewischt." |

Diese Szene stammt | aus einem Krimi, | der am Samstagabend im Fernsehen lief. |

Aber auch in Wirklichkeit | ist das Sichern der Fingerabdrücke | am Tatort wichtig. |

Jeder Mensch hat an seinen Fingerspitzen | einzigartige Linien in der Haut. |

Beim Anfassen eines Gegenstands | hinterlässt man durch Schweiß |

10 einen individuellen Abdruck. | Durch eine spezielle Methode, |

nämlich das Bestäuben des Fingerabdrucks | mit dunklem Puder, | wird er sichtbar. |

Im Krimi hat die Kommissarin | abends beim Joggen | plötzlich eine Idee. |

Der Einbrecher könnte den Lappen | zum Abwischen der Tür |

aus der Küche geholt haben. | Dort findet der Mann von der Spurensicherung |

15 am nächsten Morgen | einen brauchbaren Fingerabdruck. |

„Am Montag haben wir den Täter!", | sagt die Kommissarin | nachmittags im Büro. |

2 Warum hinterlässt der Einbrecher einen Fingerabdruck? Schreibe es in deinem Heft auf.

Aus Verben können durch die Wörter das, beim, zum und vom Nomen werden.
Verben, die zu Nomen werden, schreibst du groß.
Du kannst sie am Artikel erkennen, den du ergänzen kannst (Artikelprobe).

Nominalisierte Verben und Adjektive ➤ S. 61

3 Im Text werden Verben zu Nomen.
   a. Finde diese Nomen und unterstreiche sie.
   b. Schreibe die unterstrichenen Nomen mit Begleiter in deinem Heft auf.

4 Bilde aus den Verben vom Rand Nomen und setze sie in die Lücken ein.

Das _____ in der Kletterhalle macht Elgin Spaß.

In einem Schnupperkurs hatte sie beim _____ des neuen Sports

gleich Feuer gefangen. Mittlerweile fühlt sie sich auch sicher beim _____ .

anseilen
ausprobieren
fallen

Im Text findest du einige Zeitangaben.

Großschreibung von Zeitangaben ➤ S. 62–63

5 **a.** Unterstreiche die Zeitangaben im Text.
 b. Ordne die Zeitangaben zu und schreibe sie auf.
 c. Ergänze jeweils zwei weitere passende Zeitangaben.

Wochentage: _____

Tageszeiten: _____

Tageszeiten mit **-s**: _____

Zusammensetzungen aus Wochentag und Tageszeit: _____

_____

Zahlwörter können nominalisiert werden und werden dann großgeschrieben.
Beispiel: Er hat eine Eins im Zeugnis.

6 Finde im Text ein nominalisiertes Zahlwort und schreibe es auf.

_____

7 Ergänze in den Lücken passende nominalisierte Zahlwörter.

In unserer Klasse hat jeder _____ mehrere Geschwister.

Lotta hat dreimal hintereinander eine _____ gewürfelt.

Sie wurde beim Skirennen _____ .

Der _____ bekommt eine Medaille.

Wir müssen unsere Miete zum _____ des Monats bezahlen.

Im Text gibt es Sätze mit wörtlicher Rede.

Satzzeichen bei wörtlicher Rede ➤ S. 69

8 Im Text findest du zu jedem der folgenden Satzbilder einen passenden Satz.
 a. Ordne die Sätze den Satzbildern zu und schreibe sie ab.
 b. Kreise die Anführungszeichen ein.
 c. Markiere die Kommas und die Doppelpunkte.

„_____ ? _____ ", _____ ? _____ .

_____

_____ ? _____ : „_____ ? _____ ".

_____

„_____ ? _____ !", _____ ? _____ .

_____

9 Schreibe den Text „Ein einmaliges Kennzeichen" ab.
 Beachte die sieben Schritte der Arbeitstechnik „Abschreiben".

Abschreiben ➤ **Umschlaginnenseite hinten**

Richtig schreiben

Überprüfe, wie gut du Rechtschreibstrategien und Regeln anwenden kannst.

1 Ergänze die folgenden Sätze. /3 Punkte

Viele Wörter schreiben wir so, wie wir sie sprechen und hören.

Diese Wörter sind _____ .

Bei manchen Wörtern hörst du nicht, wie du sie schreiben musst.

Rechtschreibhilfen helfen dir, diese _____

richtig zu schreiben.

_____ sind Wörter, deren Schreibweise du

nicht durch Strategien oder Regeln herleiten kannst.

2 Wie gut beherrschst du die Rechtschreibstrategien? /8 Punkte
Schreibe zu jeder Strategie zwei passende Beispiele auf.

Gliedern in Sprechsilben _____

Wörter verlängern _____

Wörter ableiten _____

Wortbausteine _____

Welche Strategie hilft dir bei der Schreibung der hervorgehobenen Wörter?

3 Ergänze jeweils die passende Strategie. /12 Punkte

Der Beruf „Koch"

Es ist gleichgültig, ob er ein Menü oder ein einfaches Gericht kocht:

Der Koch weiß, welche Gewürze (_____) intensiv sind

und wie er alles schonend (_____) zubereitet.

Das Kochen für viele Gäste (_____) muss gut organisiert werden,

damit die vielzähligen (_____) Kunden ihre Speisen im richtigen

Moment auf dem Tisch haben und alles glattläuft (_____).

Gerade am Abend (_____) herrscht in vielen Küchen

hektischer (_____) Betrieb (_____).

Der Koch muss aber trotzdem ruhig bleiben. Neben Geduld (_____)

ist Gelassenheit (_____) in diesem Beruf also

eine wichtige (_____) Eigenschaft (_____).

In dem folgenden Text sind alle Nomen kleingeschrieben.

4 Unterstreiche die Nomen.

Sina arbeitet sehr gern im garten mit verschiedenen pflanzen. Schon seit der kindheit ist das so. Daher macht sie ein praktikum in einem umweltverein. Am montagmorgen lernt sie das einpflanzen. „Ich muss sehr behutsam sein, sonst gehen die zarten blüten kaputt." Sina setzt einen kleinen setzling ins erdreich und deckt ihn sorgfältig zu. Sina arbeitet mit begeisterung beim verein und bekommt sogar etwas geld dafür. Sie lernt die pflanzenwelt gut kennen, zum beispiel den zuckerahorn. Das ist eine baumart, von der man eine flüssigkeit bekommt, die süß und lecker ist. Sina weiß jetzt auch viel über den löwenzahn, der durch seine schirmchen dafür sorgt, dass sein samen verbreitet wird. Sie lernt täglich etwas neues und erweitert ihr wissen.

5 Woran hast du die Nomen erkannt?
Schreibe die Nomen auf die passenden Linien.

Nomen mit Artikel: _____

_____

Nomen mit Adjektiv: _____

Nomen mit Pronomen: _____

Nomen mit **-heit, -keit** oder **-ung**: _____

Nomen mit Präposition, die mit einem Artikel verschmolzen ist: _____

_____

Nomen mit Zahlwort: _____

Nominalisiertes Verb: _____

Nominalisiertes Adjektiv: _____

Wie gut beherrschst du die Kommasetzung?

6 In dem folgenden Text fehlen die Kommas. Ergänze sie.

Der letzte Schultag

Niklas ist sehr zufrieden mit seinem Zeugnis weil er viele gute Noten hat. Dafür ist er vor allem seinem Freund Erkan dankbar der mit ihm gelernt hat. Niklas ist froh dass er Erkan in diesem Schuljahr kennen gelernt hat. Die beiden trafen sich regelmäßig und lernten dann immer eine Stunde lang für Mathematik Englisch oder Deutsch. Danach gingen sie noch zum Fußballplatz um sich auszutoben.

Wortarten verwenden

Die Wortarten wiederholen

Die folgenden Wortarten kennst du schon.

Nomen: (der) Hut, (das) Kleid, (die) Mütze …

_____

Artikel: der, das, die, ein …

_____

Pronomen: ich, du, er, sie, es, wir, ihr, mein, meine, dein, deine, sein, seine …

_____

Verben: singen, lachen, malen, rechnen …

_____

Adjektive: freundlich, traurig, lieb, groß …

_____

Präpositionen: an, auf, unter, neben, in, hinter, vor, über, zwischen …

_____

1 **a.** Lies den folgenden Text.
   b. Markiere Wortarten, die du erkennst. Wähle für jede Wortart eine Farbe.
   c. Schreibe für jede Wortart mindestens zwei Beispiele auf die Linien oben.

Der neue Mitschüler

Jan ist neu in der 7 b und einsam, weil er noch keinen Freund hat.

In der Pause ist er meist allein. Neulich kam Timo zu ihm.

Ein cooler Typ, findet Jan. Timo macht interessante Sachen,

zum Beispiel tritt er mit seiner Trommelgruppe auf. Jan hat sie

auf dem Stadtfest gesehen, und den Rhythmus ihrer Trommeln konnte

er überall in seinem Körper fühlen. Absolut toll! Morgen wird er Timo

deshalb fragen, ob er da vielleicht mitmachen kann.

2 Kennst du noch zwei weitere Wortarten?
   Schreibe sie auf und ergänze Beispiele.

_____

Wortart: Nomen

Nomen in vier Fällen

> **Merkwissen**
>
> In Sätzen erscheinen Nomen immer in einem bestimmten Fall (Kasus). Im Deutschen gibt es vier Fälle. Der Artikel und die Endung des Nomens richten sich nach dem Fall.
> Man kann nach dem Fall, in dem ein Nomen steht, fragen.
> Nominativ (1. Fall): Wer oder was?
> Genitiv (2. Fall): Wessen?
> Dativ (3. Fall): Wem?
> Akkusativ (4. Fall): Wen oder was?

1 Lies den Text.

An der Bushaltestelle

In Timos Klasse ist ein neuer Schüler. Timo findet den Jungen etwas seltsam.
Im Unterricht ist der Junge ganz gut und antwortet der Lehrerin meist richtig.
An der Bushaltestelle steht Jan allein und hört Musik von seinem Handy.
Einmal hat Timo ihn gefragt, was er hört. Da hat Jan seinem Mitschüler
den Ohrhörer des Handys gegeben.
Die Musik hat Timo begeistert. Deshalb hat Timo dem Jungen
vom Auftritt der Trommelgruppe auf dem Stadtfest erzählt.
Die Lehrerin hat sich darüber gefreut.

2 **a.** Frage nach den farbig hervorgehobenen Nomen.
   b. Ergänze die Nomen mit Artikel in der Tabelle.

	der	das	die
Nominativ		das Handy	
Genitiv	des Jungen		der Lehrerin
Dativ		dem Handy	
Akkusativ		das Handy	die Lehrerin

3 Im Text „An der Bushaltestelle" sind sechs Nomen unterstrichen.
   Schreibe die Fragen nach ihnen auf und bestimme ihren Fall.

Wortart: Pronomen

Demonstrativpronomen verwenden

1 Lies den folgenden Text.

Dieses oder jenes gefällt mir nicht in meinem Zimmer. Ich könnte vielleicht ein Poster
an diese Wand hängen – oder doch lieber an jene Wand? Soll ich diesen Rapper
auswählen oder besser jenen Spieler, der das Tor im Endspiel geschossen hat?
Diese Entscheidungen fallen mir wirklich schwer.

2 Unterstreiche im Text die Demonstrativpronomen und die jeweils zugehörigen Nomen.

3 **a.** Lies die folgenden Sätze.
  b. Setze passende Demonstrativpronomen ein.

Sie sang ihren Hit. Mit _diesem_ Lied hatte sie _____ Wettbewerb

gewonnen, der in ganz Europa ausgestrahlt wurde.

_____ Tag heute vergesse ich genauso wenig wie _____ Tag,

als mein Fahrrad geklaut wurde – _____ Fahrrad, das ich so sehr mochte.

Auch der, das, die können Demonstrativpronomen sein.

? Aufgaben, die ich gestern vergessen hatte, habe ich nun erledigt.
Leider ist ? T-Shirt, das ich am liebsten trage, gerade in der Wäsche.
? Weg am Bach entlang ist genauso weit wie ? durch das Wohngebiet.

4 **a.** Schreibe die Sätze ab und ergänze die Demonstrativpronomen.
  b. Markiere die Demonstrativpronomen in deinen Sätzen.

5 **a.** Ergänze die folgenden Sätze und schreibe sie in deinem Heft auf.
  b. Markiere die Demonstrativpronomen in deinen Sätzen.

Ich mag die Tage, an denen ...   Ich bewundere die Stars, die ...

Wortart: Adjektive

Mit Adjektiven genau beschreiben

<blockquote>
Merkwissen

Mit Adjektiven (Eigenschaftswörtern) kann man Personen, Tiere oder Gegenstände genauer beschreiben.
Adjektive werden im Satz kleingeschrieben.
</blockquote>

Wie ist Lilli? Im Text wird sie mit Adjektiven beschrieben.

1 Lies den folgenden Text.

Gestern bekam Kira in der Schule eine Tischnachbarin. Sie hieß Lilli und hatte ein fröhliches Gesicht. Im Unterricht war Lilli sehr konzentriert. Und in der langen Pause antwortete sie auf Kiras Fragen. Ihre leise Stimme fand Kira sehr sympathisch. Lilli erzählte vom Umzug in die kleine Stadt und von dem alten Haus, in dem sie jetzt wohnten.
„Vermisst du deine Freunde?", fragte Kira. Lillis Gesicht wurde weich.
„Ich bin unglücklich, weil ich sie nicht mehr sehe! Sie waren wichtig für mich."

2 Mit welchen Adjektiven wird Lilli beschrieben? Unterstreiche sie im Text.

3 Wie wirkt die neue Tischnachbarin wohl auf Kira?
Schreibe zwei Sätze auf.

_____

_____

Mit anderen Adjektiven ändert sich die Aussage eines Textes.

4 Schreibe zu den Adjektiven aus dem Text das Gegenteil auf.

fröhlich – _____   konzentriert – _____

lang – _____   leise – _____

sympathisch – _____   klein – _____

alt – _____   weich – _____

unglücklich – _____   wichtig – _____

5 Schreibe den Text mit den gegenteiligen Adjektiven in deinem Heft auf.

6 Wie wirkt Lilli wohl jetzt auf Kira?
Schreibe Sätze in deinem Heft auf.

<blockquote>
Starthilfe

Ich finde Kira … Besonders ihre … wirkt auf mich …
</blockquote>

Adjektive steigern

Die Klasse 7 b will sich in der Schülerzeitung mit einer lustigen Starparade vorstellen.
Darüber hat die Klasse abgestimmt. Die Ergebnisse siehst du in der Tabelle.

1 Lies die Tabelle.

	Platz 3 – Bronze	Platz 2 – Silber	Platz 1 – Gold
sportlich:	Juri	Jasmin	Milan
laut:	Chiara	Sarah	Alex
nett:	Jenni	Sofie	Marc
witzig:	Pascal	Carolin	Elena
stark:	Matteo	Tobi	Tarik

Mit gesteigerten Adjektiven kannst du Personen miteinander vergleichen.

2 Schreibe mit den Adjektiven aus der Tabelle und ihren Steigerungsformen Sätze.

Juri ist sportlich, Jasmin ist sportlicher, Milan ist am sportlichsten.

3 Vergleiche die Schüler auf Platz 2 und Platz 3.
Schreibe Sätze mit **als** in deinem Heft auf.

> **Starthilfe**
>
> Jasmin ist sportlicher als Juri. ...

4 Vergleiche Platz 1, Platz 2 und Platz 3 miteinander.
Füge passende Steigerungsformen ein und schreibe die Sätze in deinem Heft auf.

Platz 3 ist gut, Platz 2 ist ? , Platz 1 ist ? .

Platz 3 bringt viel Anerkennung, Platz 2 bringt ? Anerkennung,

Platz 1 bringt ? Anerkennung.

Adjektive im richtigen Fall verwenden

Merkwissen

Mit Adjektiven (Eigenschaftswörtern) kann man Personen, Tiere oder Gegenstände
genauer beschreiben. Steht das Adjektiv vor einem Nomen, verändert sich die Endung:
Das Hemd ist rot. Aber: ein rotes Hemd

Wie stellen sich Mariam und Sofie ihre Traumjungen vor?

1 Lies das Gespräch.

Der Junge sollte ein netter Typ sein. Wenn er
mit mir verabredet ist, kann er ruhig auch mal
einem engen Freund absagen. Es wäre schön, wenn er
ein hübsches Gesicht hätte. Vor allem aber sollte er
eine gute Meinung von Mädchen haben.

Mariam

Mein Traumjunge sollte einer echten Freundschaft
eine Chance geben. Er darf einem ernsten Gespräch
nicht ausweichen. Ein tolles Aussehen oder eine besondere Größe
sind für mich nicht so wichtig. Aber einen schlechten Charakter
darf er auf keinen Fall haben.

Sofie

2 In welchem Fall stehen die unterstrichenen Wortgruppen?
  a. Schreibe die Wortgruppen in die richtigen Spalten und Zeilen der Tabelle.
  b. Markiere jeweils die Endungen der Adjektive.

	der	**das**	**die**
Nominativ	*ein*	*ein*	*eine*
Dativ			
Akkusativ			

Wie stellst du dir deinen Traumpartner oder deine Traumpartnerin vor?

3 Ergänze die Sätze mit passenden Wortgruppen im angegebenen Fall.

Ich stelle mir _____
Akkusativ

mit _____ vor.
Dativ

_____ ist für mich nicht so wichtig.
Nominativ

Wortgruppen mit Possessivpronomen und Adjektiven verwenden

Vor einem Nomen mit einem Adjektiv kann ein Possessivpronomen stehen.
In diesem Fall verändern sich Possessivpronomen und Adjektiv.

1 Noah erzählt, was ihm an seiner Freundin Maja gefällt. Lies die Sätze.

> Vor allem mag ich ihren tollen Humor.
> Ganz besonders gefällt mir ihr strahlendes Lächeln.
> Ihre große Offenheit macht sie überall beliebt.
> Und ihrem scharfen Verstand entgeht nichts:
> Als jemand mein neues Fahrrad beschädigte,
> fand sie schnell heraus, wer es war.
> Maja gefällt auch meiner großen Familie sehr gut.
> Sogar mein kleiner Bruder hat sie gern.
> Und meine strenge Tante findet
> ihre gute Laune ansteckend.

2 In welchem Fall stehen die markierten Wortgruppen?
   a. Schreibe die Wortgruppen mit dem Possessivpronomen **mein**
   in die richtigen Spalten und Zeilen der ersten Tabelle.
   b. Schreibe die Wortgruppen mit dem Possessivpronomen **ihr**
   in die richtigen Spalten und Zeilen der zweiten Tabelle.
   c. Markiere in den Tabellen die Endungen der Possessivpronomen und der Adjektive.

	der	das	die
Nominativ			
Dativ			
Akkusativ		mein neues Fahrrad	

	der	das	die
Nominativ			
Dativ			
Akkusativ	ihren tollen Humor		

3 Vervollständige die Tabellen mit eigenen passenden Wortgruppen.

4 Ein Mädchen sagt die Sätze aus Aufgabe 1 über einen Jungen.
   Schreibe die Sätze in deinem Heft auf.
   Tipp: Du musst auch einige Personalpronomen und den Namen verändern.

Nomen, Pronomen und Adjektive verwenden

1 Lies den folgenden Text.

Die Schülerinnen und Schüler der Klasse 7 b trainieren für den Sponsorenlauf.
Die Einnahmen des Laufs sind für einen guten Zweck bestimmt.
Die Sponsoren zahlen den Schülern pro Runde einen Euro.
Deshalb wollen alle möglichst viele Runden schaffen.

2 **a.** Frage nach den hervorgehobenen Nomen.
   b. Ordne die Nomen den Fällen zu und schreibe sie auf.

Nominativ: _____

Genitiv: _____

Dativ: _____

Akkusativ: _____

/4 Punkte

3 **a.** Lies die folgenden Sätze.
   b. Setze passende Demonstrativpronomen ein.

_____ Sporttasche gefällt mir besser als _____.

_____ liegt an den schönen Farben. Wem _____ wohl gehört?

/4 Punkte

4 Die Schulsachen der Schülerinnen und Schüler kann man vergleichen.
Schreibe Sätze auf. Verwende die Adjektive und ihre Steigerungen.

/9 Punkte

groß
1 2 3

Sporttasche 1 ist
_____
_____

lang
1 2 3

Lineal 1 ist
_____
_____

dick
1 2 3

Portfolio 1
_____
_____

5 Schreibe jeweils zwei Sätze mit **als** in deinem Heft auf.
Verwende Adjektive und ihre Steigerungen.

| witzig | Kevin + | Paul ++ | Bennett +++ |
| kreativ | Kim + | Alex ++ | Anna +++ |

/4 Punkte

Gesamt: ☐ /21 Punkte

Auswertung ➤ **Lösungsheft**

87

Wortart: Verben

Zeitformen wiederholen

Du kennst bereits diese Zeitformen von Verben:
Präsens, Präteritum, Perfekt, Plusquamperfekt und Futur.

1 In welcher Zeitform stehen die folgenden Sätze? Schreibe es auf.

Endlich hatte Felix Till gefunden. _____

Ich fand euer Spiel super! _____

Interessierst du dich für unseren Verein? _____

Hast du schon einmal Fußball gespielt? _____

Du wirst sicher bald zu unserer Mannschaft gehören. _____

Nach dem Fußballspiel unterhalten sich Felix und Till.

2 **a.** Lies die folgenden Sätze.
b. Unterstreiche die Verben im Präsens.
Tipp: Achte auf die trennbaren Verben. Im Präsens stehen die Verbteile auseinander.

„Ich spiele gern Fußball. Am liebsten stehe ich im Tor.

Dort bin ich richtig gut. Sogar einen Elfmeter halte ich hin und wieder ab."

3 **a.** Lies die folgenden Sätze.
b. Setze die passenden Verbformen im Präsens ein.

„Das _____ sich gut _____ . Wir _____ einen Torwart.

Unser Trainer _____ sich dein Können gern _____ ."

anhören
brauchen
anschauen

Felix wird Mitglied in Tills Fußballmannschaft. Wie kam es dazu?

4 **a.** Lies den folgenden Text.
b. Unterstreiche die Verben im Präteritum.
Tipp: Achte auf die trennbaren Verben. Im Präteritum stehen die Verbteile auseinander.

Ich freundete mich mit Till an. Am nächsten Tag nahm er mich mit

zu seiner Mannschaft und ich verstand mich sofort mit allen.

Der Trainer spielte mir ein paar Bälle zu und ich schoss sie problemlos zurück.

5 **a.** Lies die folgenden Sätze.
b. Setze die passenden Verbformen im Präteritum ein.
Tipp: Unregelmäßige Verben kannst du im Wörterbuch nachschlagen.

Von nun an _____ ich jeden Donnerstag zum Training. In der Mannschaft

_____ ich viele Freunde. Samstags _____ wir oft ein Turnier.

gehen
finden
spielen

Felix erzählt seinem Bruder von dem Ereignis. Dabei verwendet er das Perfekt.

6 **a.** Schreibe den Text von Aufgabe 4 im Perfekt in deinem Heft auf.
b. Unterstreiche die Verben im Perfekt.

> **Starthilfe**
> „Ich habe mich mit Till angefreundet. ...“

7 Schreibe mit den folgenden Wortgruppen Sätze im Perfekt in deinem Heft auf.

Am letzten Wochenende	wir	Pokal gewinnen
In der letzten Minute	Till	Tor schießen

Bevor Felix Mitglied der Fußballmannschaft wurde, hatte er keine Freunde.

⊙ **8** **a.** Lies den folgenden Text.
b. Unterstreiche die Verben im Plusquamperfekt.

Felix hatte sich Freunde gewünscht. Nachmittags war er oft zum Bolzplatz gegangen.

Aber dort war er allein herumgesessen. Seine Eltern hatten davon nichts bemerkt.

9 **a.** Lies die folgenden Sätze.
b. Setze die passenden Verbformen im Plusquamperfekt ein.

fühlen
gehen
haben

Felix _____ sich einsam _____.

Er _____ auch nicht gern zur Schule _____.

In der Pause _____ er niemanden zum Reden _____.

Marc findet Lisa nett. Er überlegt, wie er sich mit ihr anfreunden kann.

⊙ **10** **a.** Lies den folgenden Text.
b. Unterstreiche die Verben im Futur.

Ich werde morgen nach der Schule auf Lisa warten. Auf dem Weg zur Bushaltestelle

werde ich sie ansprechen. Vielleicht werden wir im Bus nebeneinander sitzen.

Dann werde ich sie zu einem Eis einladen.

11 **a.** Lies die folgenden Sätze.
b. Setze die passenden Verbformen im Futur ein.

freuen
haben
mitnehmen

Lisa _____ sich bestimmt _____.

Wir _____ viel Spaß zusammen _____.

Bald _____ ich sie auch zu meinen Freunden _____.

● **12** Was wirst du in nächster Zeit mit Freunden unternehmen?
Schreibe mindestens drei sinnvolle Sätze in deinem Heft auf.

> **Starthilfe**
> Ich werde ...

Das Futur II verwenden

Die Theater-AG probt für eine Aufführung in zwei Monaten.

1 Lies den folgenden Text.

Der AG-Leiter macht den Schülerinnen und Schülern Mut:

„Bis zum Auftritt <u>werden</u> wir das Stück gut <u>einstudiert haben</u>.

Ihr werdet das nötige Vertrauen in eure Fähigkeiten gefunden haben.

Jeder von euch wird seine Rolle auswendig gelernt haben.

Das Bühnenbild wird toll gestaltet sein. Wir werden alles gut organisiert haben."

2 Unterstreiche im Text die Verbformen im Futur II.

3 **a.** Wandle die folgenden Sätze ins Futur II um und schreibe sie auf.
b. Unterstreiche die Verbformen in deinen Sätzen.

Caspar tritt als Erster auf.

Caspar <u>wird</u> als Erster <u>aufgetreten sein</u>.

Frederic und Kathi verkaufen in der Pause Getränke.

Die Aufführung begeistert die Zuschauer.

Eine Mitschülerin bedankt sich beim AG-Leiter.

Die Schülerinnen und Schüler gehen zufrieden nach Hause.

Die Anspannung ist von ihnen abgefallen.

4 Was wirst du selbst in zwei Monaten erlebt haben?
a. Bilde fünf sinnvolle Sätze im Futur II und schreibe sie in deinem Heft auf.
b. Unterstreiche die Verbformen.

Verben mit dem Reflexivpronomen „sich" verwenden

Der Aufführungstag für die Theater-AG ist gekommen.

1 Lies den folgenden Text.

Der Aufführungstag

Am späten Nachmittag schwingt sich Kathi auf ihr Fahrrad. Als sie bei der Schule

ankommt, fragt sie sich, ob man ihr die Aufregung ansieht. Die Schauspieler

sprechen sich Mut zu. Einige schminken sich schon. Kathi muss sich aber noch

um das Bühnenbild kümmern. Sie muss sich beeilen, denn die ersten Zuschauer sind

schon da. Bei der Aufführung strengt sich jeder an. Kathi konzentriert sich

auf ihren Text. Am Schluss freuen sich alle über den begeisterten Applaus.

2 Unterstreiche im Text die Verben, die mit dem Reflexivpronomen **sich**
verwendet werden.

3 Schreibe die Verben mit dem Reflexivpronomen **sich** aus dem Text ab.

schwingt sich,

4 Bilde mit drei Verben aus Aufgabe 3 jeweils einen eigenen Satz und
schreibe die Sätze auf.

5 Setze die Sätze aus Aufgabe 4 mit Hilfe des Merkwissens in eine andere Personalform
und schreibe sie in deinem Heft auf.

Starthilfe

Wir ... uns ...
Ihr ... euch ...

Den Konjunktiv I verwenden

Im Zeltlager gibt es am letzten Abend ein Lagerfeuer.
Ronja möchte für die Schülerzeitung darüber schreiben.
Ronja und Nick befragen den Förster, Herrn Koll, zum Thema Lagerfeuer.

1   **a.** Lies das Gespräch.

⊙   **b.** Unterstreiche die Verbformen.

Nick: Welches Holz braucht man für ein Lagerfeuer?

Herr Koll: Am besten sucht man Holz, das schon längere Zeit

an der Luft gelegen hat. Besonders geeignet sind Äste und Zweige,

die noch nicht morsch sind. Man braucht vor allem Holzstücke

in verschiedenen Größen, damit das Lagerfeuer lange brennt.

Ronja: Was gibt es noch zu beachten?

Herr Koll: Ein Feuer ist immer gefährlich, vor allem im Wald.

Man wählt eine Feuerstelle immer sehr sorgfältig.

Ein Feuer darf nämlich nur an sicheren Plätzen brennen.

Außerdem muss man das Feuer die ganze Zeit bewachen.

Nick: Wie löscht man ein Feuer am Ende denn am besten?

Herr Koll: Ich stelle immer einen Eimer mit Wasser oder Sand in die Nähe des Feuers.

Ronja hat den Anfang des Berichts für die Schülerzeitung geschrieben.

2   **a.** Lies den folgenden Textanfang.

    b. Markiere die Sätze, die Herrn Kolls Aussagen wiedergeben.

    c. Unterstreiche in diesen Sätzen die Verbformen.

Wir sprachen zuerst darüber, welches Holz man für ein Lagerfeuer braucht.

Herr Koll sagte, am besten suche man Holz, das schon längere Zeit an der Luft gelegen

habe. Besonders geeignet seien Äste und Zweige, die noch nicht morsch seien.

Man brauche vor allem Holzstücke in verschiedenen Größen,

damit das Lagerfeuer lange brenne.

Die Fortsetzung des Berichts ist noch nicht vollständig.

3 Ergänze die Verbformen im Konjunktiv I vom Rand.

Ich fragte, was es noch zu beachten _____. Darauf erwiderte Herr Koll,

ein Feuer _____ immer gefährlich, vor allem im Wald. Man _____

eine Feuerstelle immer sehr sorgfältig. Ein Feuer _____ nämlich nur

an sicheren Plätzen brennen. Außerdem _____ man es die ganze Zeit

bewachen. Abschließend erkundigte sich Nick, wie man ein Feuer am Ende

am besten _____ . Herr Koll sagte, er _____ immer einen Eimer

mit Wasser oder Sand in die Nähe des Feuers.

> lösche
> dürfe
> sei
> gebe
> wähle
> stelle
> müsse

**Damit das Lagerfeuer auch richtig brennt,
hat der Förster den Schülerinnen und Schülern noch einige Ratschläge gegeben.**

4 **a.** Lies, was Herr Koll noch gesagt hat.
   b. Unterstreiche die Personalformen der Verben.

Zum Anzünden des Lagerfeuers braucht man leicht brennbares Material. Dazu nimmt man am besten ein paar kleine, sehr trockene Stöckchen. Besonders gut funktioniert es auch mit trockener Rinde von Birken. Die reißt man aber nicht vom Baum, sondern man sucht sie auf dem Waldboden. Man kann aber auch auf handelsübliche Grillanzünder zurückgreifen.

5 Schreibe die Fortsetzung des Berichts.
Wandle dazu die wörtliche Rede in die indirekte Rede um.

Der Förster sagte, zum Anzünden des Lagerfeuers brauche man

Den Konjunktiv II verwenden

Mit dem Konjunktiv II (Möglichkeitsform) kann man ausdrücken, dass etwas nicht oder noch nicht Wirklichkeit ist: Möglichkeiten, erfüllbare oder nicht erfüllbare Wünsche, Empfehlungen:
Ich **hätte** gern acht Arme.

Der Konjunktiv II wird vom Präteritum abgeleitet.
ich war – ich wäre
du hattest – du hättest
er fuhr – er führe

In der Umkleidekabine macht sich die Schulmannschaft der Westschule vor ihrem nächsten Fußballspiel große Hoffnungen.

⊙ **1** Wovon träumen die Spielerinnen und Spieler?
Was wünschen sie sich für das Spiel?
Unterstreiche die gebeugten Verbformen in den Gedankenblasen.

2 **a.** Trage die unterstrichenen Verbformen
mit dem Personalpronomen in die dritte Spalte der Tabelle ein.
b. Ergänze in der zweiten Spalte die passenden Verbformen
im Präteritum.
c. Markiere die Unterschiede.

Verb im Infinitiv	Verbform im Präteritum	Verbform im Konjunktiv II
gelingen	es gelang	es gelänge
geben		
sein		
kommen		
schießen		
bekommen		

Nun kannst du die Verwendung des Konjunktivs II üben.

3 Wie heißt die entsprechende Verbform im Konjunktiv II?
Ergänze sie.

Verb im Infinitiv	Verbform im Präteritum	Verbform im Konjunktiv II
fliegen	*sie flogen*	*sie flögen*
nehmen	*ich nahm*	
haben	*du hattest*	
sitzen	*er saß*	
singen	*wir sangen*	
finden	*ich fand*	

Mirka rappt und träumt von einer Karriere als Fußballerin.

4 Setze die richtige Verbformen im Konjunktiv in den Lückentext ein.

Ich _____ so gern die beste Spielerin auf dem Spielfeld.

Beim Fußballspielen _____ ich immer sehr viel Spaß.

Meine Schüsse _____ so weit wie keine anderen.

Alle meine Freunde _____ mich großartig.

Bei jedem Tor _____ sie mir ein Loblied.

Ich _____ immer den besten Spielzug.

(sie) fänden
(sie) flögen
(ich) hätte
(sie) sängen
(ich) wäre
(ich) wüsste

Die anderen Spieler stimmen in Mirkas Rapp ein.

5 Ergänze die richtigen Verbformen in den Sätzen.
Tipp: Bilde zuerst das Präteritum des Verbs.

Marvin: Ich _____ (sein) so gerne ein super Stürmer.

Pia: Ich _____ (geben) Autogramme als Nationalspielerin.

Onur: Ich _____ (sitzen) nie auf der Ersatzbank.

Fina: Wir _____ (tragen) die coolsten Fußballschuhe.

Robert: Mich _____ (sehen) viele Zuschauer in der Sportschau.

(ich) gäbe
(sie) sähen
(ich) säße
(wir) trügen
(ich) wäre

6 Von welcher Zukunft träumst du?
Schreibe Sätze in deinem Heft auf.
Verwende Verbformen im Konjunktiv II.

Starthilfe
Ich wäre so gern ...
Ich ...

Das Passiv im Präsens verwenden

Bevor die Klasse 7a in ein Zeltlager fährt, informieren sich alle genau darüber, wie ein Zelt aufgebaut wird.

 1 a. Lies den ersten Teil der Aufbauanleitung.
   b. Unterstreiche im Text die Verbformen im Passiv.

Anleitung zum Aufbau eines Zeltes – Teil 1

Zuerst wird der Untergrund auf Unebenheiten oder spitze Gegenstände geprüft,

denn sonst wird der Zeltboden vielleicht beschädigt.

Danach wird der Aufbau des Zeltes vorbereitet. Als Erstes wird das Gestänge

entfaltet. Es wird am besten erst einmal neben den Aufstellplatz gelegt.

So bleibt genügend Platz für den Aufbau. In der Zeltplane befinden sich

Stoffkanäle. Die Stangen werden in die Kanäle hineingeschoben.

Dabei wird Geschicklichkeit gebraucht. Andernfalls werden die Stoffkanäle

vielleicht durchstoßen.

2 Schreibe mit Hilfe der folgenden Stichworte den zweiten Teil der Aufbauanleitung in deinem Heft auf.
   – Schreibe im Passiv.
     Die Verbformen am Rand helfen dir.
   – Wähle unterschiedliche Satzanfänge.

   Starthilfe

   Daraufhin wird das Zelt aufgerichtet …

Anleitung zum Aufbau eines Zeltes – Teil 2

– das Zelt aufrichten

– das Zelt dazu straff ziehen

– das Zelt mit den Erdnägeln im Boden verankern

– die Leinen dabei so weit weg vom Zelt wie möglich spannen

– die Erdnägel anschließend mit einem Stein beschweren

Das Passiv im Präteritum verwenden

Für das Zeltlager der Klasse 7a sollen auch Viererzelte aufgebaut werden.

1 Lies den folgenden Text.

Aufbau eines Viererzeltes

Zuerst wird der Untergrund abgesucht. Danach wird das Gestänge vorbereitet und in Reichweite gelegt. Dann wird das Zelt zu zweit festgehalten und es werden die Stangen in die Stoffkanäle geschoben. Anschließend wird das Zelt zu viert aufgehoben und es wird ausgerichtet. Dazu braucht man Schnelligkeit und Kraft. Das Zelt wird von zwei Personen gehalten. Die anderen beiden spannen die Leinen. Zuletzt werden die Erdnägel mit einem Gummihammer in den Boden geklopft.

2 Welche Sätze stehen im Passiv?
Unterstreiche in den Passivsätzen die Formen von **werden**.

Ronja beschreibt in einem Bericht für die Schülerzeitung,
wie das Viererzelt aufgebaut wurde.

3 **a.** Schreibe den Text aus Aufgabe 1 im Präteritum auf.
Setze dazu in den Passivsätzen das Wort **werden** in das Präteritum.
b. Markiere in deinem Text die Passivformen im Präteritum.

Zuerst **wurde** *der Untergrund* **abgesucht**. *Danach*

4 Setze den Text für die Schülerzeitung fort.
Schreibe mit Hilfe der Stichworte Passivsätze im Präteritum in deinem Heft auf.

– Gepäck ins Zelt tragen

– Isomatten im Zelt ausgebreitet

– Taschenlampen bereitlegen

Starthilfe
Anschließend wurde das Gepäck ...

Die Zeitformen der Verben anwenden

1 Lies den folgenden Text.

Wieder ein Müller

Thomas Müller ist ein weltberühmter Torschützenkönig.

Vor der Fußballweltmeisterschaft 2010 kannten allerdings viele Trainer der anderen

Nationalmannschaften diesen Thomas Müller überhaupt nicht.

Es hat schon einmal einen Torschützen namens Müller gegeben.

5 Aber dieser Gerd Müller war bereits 1967 und 1969 Torschützenkönig

der Bundesliga gewesen, bevor er sich 1970 auch bei der Weltmeisterschaft in Mexiko

mit zehn Treffern die Torjägerkrone holte.

Thomas Müller wurde erst 1989 geboren. Mit einem Alter von 30 Jahren hat er

den Höhepunkt seiner Karriere als Profifußballer eigentlich erreicht. Bestimmt wird er

10 aber für seine Mannschaft noch viele Tore schießen. Schon heute steht fest,

dass er wie sein Vorgänger als Star in die Geschichte des Fußballs eingehen wird.

Und vielleicht sitzt schon ein weiterer Müller in den Startlöchern

zum gefürchteten Torjäger.

2 **a.** Unterstreiche alle Verbformen im Text.
   b. Ordne die Verbformen den Zeitformen zu und schreibe sie auf.
   c. Ergänze zu jeder Verbform den Infinitiv.

/ 11 Punkte

Präsens	Infinitiv

Präteritum	Infinitiv

Perfekt	Infinitiv

Plusquamperfekt	Infinitiv

Futur	Infinitiv

3 **a.** Übertrage den folgenden Satz in diese Zeitformen:
   Perfekt, Präteritum, Plusquamperfekt und Futur.
   Schreibe die Sätze in deinem Heft auf.
   b. Markiere in deinen Sätzen die Verbformen.

/8 Punkte

In Deutschland gibt es einige herausragende Fußballer.

Gesamt: /19 Punkte

Auswertung ➤ **Lösungsheft**

Das Passiv und den Konjunktiv verwenden

Das Passiv beschreibt, was mit einer Person oder einem Gegenstand getan wird.

1 Ergänze den Merksatz.

Das Passiv bildet man mit dem _____ .

2 Ergänze im folgenden Text die Verbformen im Passiv Präsens.

Bei einem Lagerfeuer _____ die Feuerstelle nach bestimmten Regeln

_____ (einrichten). Die Feuerstelle _____ am besten

mit Steinen _____ (einrahmen). Holzstücke und andere

brennbare Materialien _____ _____ (sammeln).

Sorgfältig _____ das Brennmaterial in der Feuerstelle

_____ (aufschichten).

Bei dickerem Holz _____ am besten nur sehr trockene Stücke

_____ (verwenden).

In einem Lagerfeuer _____ kein Müll _____ (verbrennen).

Die Aussagen anderer gibt man mit der indirekten Rede wieder.

3 Ergänze den Merksatz.

Bei der indirekten Rede verwendet man den _____ .

4 Ergänze die Personalformen der Verben im Konjunktiv I.

Nick sagte, das Lagerfeuer _____ (sein) bald erloschen.

Ronja erwiderte, Tom _____ (bringen) schon Nachschub.

Nick bemerkte, dann _____ (können) Tom gleich Holz nachlegen.

Mit dem Konjunktiv II kann man ausdrücken, dass etwas nicht oder noch nicht Wirklichkeit ist.

5 Ergänze den Merksatz.

Der Konjunktiv II wird vom _____ abgeleitet.

6 Ergänze die Personalformen der Verben im Konjunktiv II.

Ich _____ (sitzen) so gern mit meinen Freunden am Lagerfeuer.

Dort _____ (essen) wir Grillwürste und _____ (trinken) Sirup.

Präpositionen mit Nomen im Dativ

Merkwissen

Nach den Präpositionen **mit, bei, von, aus, nach** und **zu** steht das Nomen immer im Dativ mit dem Artikel **dem**/**einem**, **dem**/**einem**, **der**/**einer**.

Nina hat sich verliebt. Sie fährt zu einer Geburtstagsparty.

1 Lies den folgenden Text.

Nina fährt mit der Straßenbahn. Sie feiert gern bei einem Freund.

Besonders viele Komplimente bekommt sie von dem Jungen, den sie sehr mag.

Nach dem Fest lächelt sie glücklich, denn Erkan begleitet sie zu der Haltestelle.

2 Im Text sind Präpositionen mit Nomen im Dativ hervorgehoben.
Schreibe die Wortgruppen aus Präposition, bestimmtem Artikel und Nomen auf.
Ergänze dabei jeweils das Verb im Infinitiv.

mit der Straßenbahn fahren,
_____

_____

Auch Juri hatte eine aufregende Begegnung.

3 a. Lies die Wortgruppen am Rand.
   b. Ergänze die folgenden Sätze mit passenden Wortgruppen.
   c. Markiere die Präpositionen und die Nomen im Dativ mit ihren Artikeln.

Juri möchte pünktlich _____ sein.

Im Bus erzählt er seiner Sitznachbarin _____.

Sie lacht, denn sie will auch _____.

Juri steigt zusammen mit dem Mädchen _____.

Sie verabredet sich mit ihm _____.

von der Band
nach der Veranstaltung
zu dem Konzert
bei dem Konzert
aus dem Bus

4 a. Schreibe mit jeder Wortgruppe einen Satz in deinem Heft auf.
   Verwende dabei verschiedene Satzarten:
   drei Aussagesätze, drei Fragesätze, drei Aufforderungssätze.
   b. Markiere in deinen Sätzen die Wortgruppen mit Präposition.

mit den Freundinnen	mit dem Bus	von einer Bekannten
nach dem Kino	bei der Haltestelle	bei der Heimfahrt
von der Lehrerin	mit den Eltern	nach der Schule

Präpositionen mit Nomen im Akkusativ

Merkwissen

Nach den Präpositionen **durch**, **gegen**, **für**, **ohne** und **um** steht das Nomen immer im Akkusativ mit dem Artikel den/einen, das/ein, die/eine.

Erkan hat Geburtstag. Seine Freundin Nina will ihm eine Freude machen.

1 Lies den folgenden Text.

Nina sucht ein Geschenk für einen Freund.

Lange geht sie durch die Stadt und findet nichts Passendes.

Dann biegt sie um die Ecke. In einem Laden entdeckt sie

eine CD von Erkans Lieblingsband.

Nichts spricht gegen die CD, sie wird Erkan sicher gefallen.

2 Im Text sind Präpositionen mit Nomen im Akkusativ hervorgehoben.
Schreibe die Wortgruppen aus Präposition, bestimmtem Artikel und Nomen auf.
Ergänze dabei jeweils das Verb im Infinitiv.

für einen Freund suchen,
_____

3 **a.** Lies die Wortgruppen am Rand.
b. Ergänze die folgenden Sätze mit passenden Wortgruppen.
c. Markiere die Präpositionen und die Nomen im Akkusativ mit ihren Artikeln.

Nina verpackt das Geschenk _____ .

Auf der Feier klopft Erkan _____ .

Dass es eine CD ist, erkennt er _____ .

Leider hat er die CD schon. Aber im Laden bekommt er

einen Gutschein im Austausch _____ .

Das funktioniert allerdings nicht _____ .

> gegen die Verpackung
> für die Party
> durch die Form
> ohne den Kassenbon
> gegen die CD

Manchmal steht zwischen der Präposition und dem Nomen ein Possessivpronomen.

4 **a.** Schreibe mit jeder Wortgruppe einen Satz in deinem Heft auf.
b. Markiere in deinen Sätzen die Wortgruppen mit Präposition.

> für ihren Freund   gegen seinen Willen   ohne sein Geschenk

Satzglieder verwenden

Subjekt, Prädikat und Objekt wiederholen

Du kennst bereits die wichtigsten Satzglieder: Subjekt, Prädikat und Objekt.

1 Lies den folgenden Text.

Die Klasse 7 c plant drei spannende Projekte. Dorina schlägt ein Zirkusprojekt vor.

Sie wartet aufgeregt auf das Interview mit einem Zauberer. Die Waldprojekt-Gruppe

plant einen Ausflug in den Stadtwald. Timo und Sina gehören zur Gruppe

Krimiwerkstatt. Die Gruppe ruft bei einer Polizeidienststelle an.

2 **a.** Frage nach den Subjekten.
Schreibe die Fragen und die Antworten in deinem Heft auf.
b. Kennzeichne das Subjekt im Text so: ⬠ .

3 **a.** Frage nun in den Sätzen nach den Prädikaten.
Schreibe die Fragen und die Antworten in deinem Heft auf.
Tipp: Einige Prädikate bestehen aus mehreren Teilen.
b. Kennzeichne das Prädikat im Text so: ⬭ .

4 **a.** Lies die folgenden Sätze.
b. Frage nach den Akkusativobjekten, nach dem Genitivobjekt und nach den Dativobjekten.
Schreibe die Fragen und die Antworten in deinem Heft auf.
c. Kennzeichne das Objekt oder die Objekte in den Sätzen so: ▭ .

Ein Clown zeigte den Schülerinnen und Schülern den Zirkus.

Sie besichtigten auch einen Wohnwagen.

Dort begegneten sie dem Zauberer.

Der Zauberer zeigte den Besuchern einige Tricks.

Er bediente sich dabei seines Zauberstabes.

5 **a.** Bilde eigene Sätze mit Subjekt, Prädikat, Akkusativobjekt und Dativobjekt.
Schreibe die Sätze in deinem Heft auf.
b. Bestimme alle Satzglieder.

> die Schüler   eine Frage   die Schautafeln   der Förster   der Wald
> stellen   zeigen   viele Informationen   liefern

Die adverbialen Bestimmungen

Mit einer adverbialen Bestimmung des Ortes kann man ausdrücken,
wo etwas geschieht. Man fragt mit **Wo?**, **Woher?** oder **Wohin?**.
Wo treffen sich alle? Alle treffen sich auf dem Schulhof.

Mit einer adverbialen Bestimmung der Zeit kann man ausdrücken,
wann etwas geschieht. Man fragt mit **Wann?** oder **Wie lange?**.
Wann sind sie mit dem Kommissar verabredet? Danach sind sie mit dem Kommissar verabredet.

Mit einer adverbialen Bestimmung des Grundes kann man ausdrücken,
warum etwas geschieht. Man fragt mit **Warum?**.
Warum treffen sich alle auf dem Schulhof?
Alle treffen sich wegen der Projektwoche auf dem Schulhof.

Mit einer adverbialen Bestimmung der Art und Weise kann man ausdrücken,
wie etwas geschieht oder wie jemand etwas tut. Man fragt mit **Wie?**.
Wie betraten wir die Bibliothek? Voller Erwartung betraten wir die Bibliothek.

Auch die Gruppe Krimiwerkstatt hat mit der Arbeit begonnen.

1 Der folgende Text enthält acht adverbiale Bestimmungen des Ortes und der Zeit.
  a. Lies den folgenden Text.
  b. Frage nach den adverbialen Bestimmungen des Ortes und der Zeit.
     Schreibe die Fragen und die Antworten auf.
  c. Kennzeichne die adverbialen Bestimmungen im Text.

Zur gleichen Zeit trifft sich die Projektgruppe Krimiwerkstatt in einer Bibliothek.

Die Bibliothekarin stellt ihnen im Leseraum die neuesten Krimis vor.

Die Buchvorstellung dauert zwei Stunden. Danach wollen die Schülerinnen und

Schüler noch einen echten Kommissar kennen lernen. Sie sind um 13:00 Uhr

mit ihm in der Dienststelle verabredet. Der Kommissar hat aber keine Zeit.

Deshalb kann sich die Gruppe erst am nächsten Tag mit ihm treffen.

Wann trifft sich die Projektgruppe? zur gleichen Zeit

Am Ende der Projektwoche werden die Ergebnisse ausgewertet.

2 **a.** Lies den folgenden Text.
   b. Die adverbialen Bestimmungen sind markiert.
   Frage mit **Warum?** nach der adverbialen Bestimmung des Grundes.
   Frage mit **Wie?** nach der adverbialen Bestimmung der Art und Weise.
   Schreibe die Fragen und die Antworten auf.

Die einzelnen Gruppen treffen sich zur Auswertung.

Die Gruppensprecher stellen die Ergebnisse ausführlich vor.

Aufmerksam hören die anderen Gruppenmitglieder zu.

Wegen der vielen Projekte dauert die Auswertung lange.

Doch alle Schülerinnen und Schüler bleiben motiviert bei der Sache.

Zufrieden verkündet die Lehrerin das Ende der Projektwoche.

Warum treffen sich die einzelnen Gruppen? zur Auswertung

_____

_____

_____

_____

_____

3 **a.** Lies die folgenden Sätze.
   ⊙ **b.** Markiere die adverbialen Bestimmungen des Ortes und der Zeit.
   c. Füge passende adverbiale Bestimmungen des Grundes und der Art und Weise ein.
   Schreibe deine Sätze auf.

Die Schülerinnen und Schüler gehen nach Hause.
Alle haben in den letzten Tagen geforscht.
Nächstes Jahr soll die Projektwoche wieder stattfinden.
Sina und Zerdest denken sich nachmittags schon neue Projektideen aus.

_____

_____

_____

_____

_____

_____

4 **a.** Verändere in deinen Sätzen von Aufgabe 3 c den Satzbau durch die Umstellung
   der adverbialen Bestimmungen. Schreibe deine Sätze in deinem Heft auf.
   b. Markiere die adverbialen Bestimmungen.

Subjektsatz und Objektsatz

Die Schülerinnen und Schüler haben viele Ideen für neue Projekte.

1 **a.** Lies die Sätze.
   b. Frage nach den Subjekten.
   Schreibe die Fragen und die Antworten auf.
   c. Kennzeichne jeweils den Subjektsatz.

Dass die Projektwoche wiederholt wird, freut alle Schülerinnen und Schüler.

Dass jeder Ideen für neue Projekte einbringen kann, motiviert sie.

Gustav ärgert, dass sein Vorschlag keine Zustimmung findet.

Was freut alle Schülerinnen und Schüler? Dass

_____

_____

_____

2 **a.** Lies die Sätze.
   b. Frage nach den Objekten.
   Schreibe die Fragen und die Antworten auf.
   c. Kennzeichne jeweils den Objektsatz.

Tom hofft, dass es ein Projekt zum Thema Mittelalter gibt.

Annika wünscht sich, dass dann mittelalterliche Speisen gekocht werden.

Ebrar verkündet, dass sie wieder Gruppensprecherin werden möchte.

Was hofft Tom? Dass

_____

_____

_____

3 **a.** Bestimme in den folgenden Sätzen, ob es sich bei den Nebensätzen
   um einen Subjektsatz oder einen Objektsatz handelt.
   b. Markiere Subjektsatz und Objektsatz unterschiedlich.

Die Schülerinnen und Schüler erfahren, dass ein Umweltprojekt geplant ist.
Die Lehrerin sagt, dass sie beim Naturschutzbund nach Informationen gefragt hat.
Dass sie noch keine Antwort erhalten hat, wundert sie aber.

Satzglieder kennen und verwenden

1 **a.** Lies die folgenden Sätze.
   b. Bestimme jeweils die Satzglieder Subjekt, Prädikat, Objekt.
   c. Ordne die Objekte unten richtig zu.

/27 Punkte

/9 Punkte

Nach der Projektwoche sammeln die Schülerinnen und Schüler neue Ideen.

„Vielleicht besuchen wir auch mal ein Abenteuer-Camp?" Die Lehrerin findet

die Idee prima. Sie bittet Timo, zu recherchieren. Sina hilft ihm dabei. Die beiden

entdecken im Internet ein tolles Abenteuer-Camp. Timo zeigt es der Lehrerin.

Er will noch weiter recherchieren. Sinas Hilfe ist er sich dabei sicher.

Akkusativobjekt: _____

_____

Dativobjekt: _____

Genitivobjekt: _____

2 **a.** Lies die folgenden Sätze.
   b. Kennzeichne die adverbialen Bestimmungen so: ～～～.
   c. Ordne die adverbialen Bestimmungen unten richtig zu.

/9 Punkte

/9 Punkte

Timo und Sina gehen in ein Reisebüro. Dort finden sie interessante Prospekte

über Abenteuer-Camps. Die beiden sind wegen der großen Auswahl begeistert.

Nach einer halben Stunde nehmen sie einen ganzen Stapel Prospekte mit.

Zu Hause arbeiten sie das Material zwei Stunden lang gründlich durch.

Am nächsten Tag wollen sie der Klasse ausführlich von den Camps berichten.

adverbiale Bestimmung des Ortes: _____

adverbiale Bestimmung der Zeit: _____

_____

adverbiale Bestimmung des Grundes: _____

adverbiale Bestimmung der Art und Weise: _____

3 Bestimme in den folgenden Sätzen, ob es sich bei dem Nebensatz
um einen Subjektsatz oder einen Objektsatz handelt.

/2 Punkte

Sina und Timo hoffen, dass sie die Klasse begeistern können. _____

Dass sie sich gut informiert haben, gefällt den Mitschülern. _____

Gesamt: /56 Punkte

Auswertung ► Lösungsheft

Sätze untersuchen

Die Satzreihe

Die Klasse 7c plant die nächste Projektwoche.

1   a. Verbinde die folgenden Sätze durch **aber** oder **denn** miteinander.
Schreibe die Sätze auf. Achte auf die Kommasetzung.
    b. Kreise jeweils die Konjunktion ein und
unterstreiche die gebeugten Verbformen.

Sophia schlägt ein Musik-Projekt vor, ? sie spielt Schlagzeug.

Hektor will in eine Gärtnerei, ? er interessiert sich auch für eine Baumschule.

2   a. Verknüpfe die folgenden Sätze durch **aber, denn** oder **sondern** miteinander.
Schreibe die Sätze in deinem Heft auf. Achte auf die Kommasetzung.
    b. Kreise jeweils die Konjunktion ein und
unterstreiche die gebeugten Verbformen.

Chiara interessiert sich nicht für Pflanzen. Sie fände ein Projekt zu Tieren toll.
Marlene freut sich. Ihre Projektidee kommt gut an.
Umut meldet sich nicht. Er sollte auch ein Thema vorschlagen.

3   a. Ergänze den folgenden Hauptsatz zu einer Satzreihe.
Verknüpfe die Sätze mit **aber, denn** oder **und** miteinander.
    b. Kreise die Konjunktion ein und unterstreiche die gebeugten Verbformen.
Tipp: Hauptsätze, die mit der Konjunktion **und** miteinander verbunden werden,
werden nicht durch ein Komma abgetrennt.

Die Schüler haben viele Ideen.

Satzgefüge verwenden

Mit einem Satzgefüge kann man Aussagen verknüpfen.
Ein Satzgefüge besteht aus einem Hauptsatz und mindestens einem Nebensatz.
Der Hauptsatz und der Nebensatz werden durch ein Komma voneinander abgetrennt.
Die Nebensätze werden mit einer Konjunktion (Bindewort) wie **da**, **weil**, **wenn**, **obwohl**
eingeleitet.
Im Nebensatz steht die gebeugte Verbform an letzter Stelle.
Timo sitzt am Schreibtisch, **weil** er für die Schülerzeitung schreibt.

           Hauptsatz   Nebensatz

Die Konjunktionen **da** und **weil** leiten Nebensätze mit Begründungen ein.

Die Schülerinnen und Schüler schreiben für die Schülerzeitung
über die Projektwoche.

1 **a.** Unterstreiche in den folgenden Satzgefügen die Hauptsätze und die Nebensätze
in unterschiedlichen Farben.

    b. Kreise jeweils die Konjunktion ein und unterstreiche die gebeugte Verbform
im Nebensatz.

    c. Markiere jeweils das Komma.

Ich nahm an der Krimiwerkstatt teil, weil ich Krimis spannend finde.

Da wir auch ein Krimi-Theaterstück schreiben wollten, lernten wir zuerst

die wichtigsten Merkmale eines Krimis kennen.

2 Verknüpfe die folgenden Sätze durch **da** oder **weil** miteinander.
Schreibe die Satzgefüge auf. Achte auf die Kommasetzung.

Wir besuchten das Polizeipräsidium. Wir wollten einen echten Kommissar sprechen.
Ich war dankbar für die Erklärungen. Ich brauchte sie für meinen Teil des Krimistücks.

3 **a.** Formuliere die Sätze aus Aufgabe 2 abwechslungsreicher.
Stelle dazu die Sätze so um, dass der Nebensatz vorn steht.
Schreibe sie in deinem Heft auf.

    b. Kreise jeweils die Konjunktion ein und unterstreiche die gebeugte Verbform
im Nebensatz.

    c. Markiere jeweils das Komma.

4 Ergänze die folgenden Sätze um Begründungen.
Schreibe die Sätze in deinem Heft auf.

> Die Arbeit des Kommissars ist spannend, da …
> Lena möchte nicht Kommissarin werden, weil …

Mit der Konjunktion **wenn** kannst du ausdrücken, wann oder unter welcher Bedingung etwas passiert.

Elsa schreibt in ihrem Artikel über den Besuch auf dem Polizeipräsidium.

5 **a.** Unterstreiche in den folgenden Satzgefügen die Hauptsätze und die Nebensätze in unterschiedlichen Farben.

b. Kreise jeweils die Konjunktion ein und markiere die gebeugte Verbform im Nebensatz.

c. Markiere jeweils das Komma ein.

Wenn man sich angemeldet hat, wird man in einen Präsentationsraum geführt.

Der Kommissar muss die Besucher allein lassen, wenn ein wichtiger Anruf kommt.

Wenn man sich traut, darf man sich am Schluss in die Arrestzelle einschließen lassen.

6 Verknüpfe die folgenden Sätze durch **wenn** miteinander.
Schreibe die Satzgefüge in deinem Heft auf. Achte auf die Kommasetzung.

Der Kommissar muss einen Kriminalfall lösen. Er macht viele Überstunden.

Zeugen haben den Täter gesehen. Sie können ihn beschreiben.

Es gibt keine heiße Spur. Die Auflösung des Falls kann lange dauern.

7 Ergänze die folgenden Sätze, die Bedingungen angeben.
Schreibe die Sätze in deinem Heft auf.

> Der Kommissar freut sich, wenn …
> Die Schülerinnen und Schüler sind aufmerksam, wenn …

Mit der Konjunktion **obwohl** kannst du einen Gegensatz ausdrücken beziehungsweise Gegengründe „einräumen".

Dorina schreibt für die Schülerzeitung über das Zirkusprojekt.

8 **a.** Unterstreiche in den folgenden Satzgefügen die Hauptsätze und die Nebensätze in unterschiedlichen Farben.

b. Kreise jeweils die Konjunktion ein und unterstreiche die gebeugte Verbform im Nebensatz.

c. Markiere jeweils das Komma.

Ich machte die Übung am Trapez, obwohl ich ein bisschen Angst hatte.

Pauls kleiner Bruder wälzte sich in den Sägespänen auf dem Boden der Manege,

obwohl er dabei dauernd niesen musste.

Eva und Arkan gelang ihre Zaubervorführung, obwohl sie nicht sehr oft geübt hatten.

9 Formuliere die Sätze aus Aufgabe 8 abwechslungsreicher.
Stelle dazu zwei Sätze so um, dass der Nebensatz vorn steht.
Schreibe die Sätze in deinem Heft auf.

Nebensätze mit Relativpronomen

Mit Relativsätzen kannst du die Gegenstände von Ilonka und Alex
genauer beschreiben.

1 Welche Gegenstände siehst du auf den Bildern?
Schreibe die Nummern der folgenden Wortgruppen zu den Gegenständen.

ein Laptop, der weiß ist 1   ein Headset, das blau ist 2

eine CD-Box, die grün ist 3   ein Laptop, der schwarz ist 4

ein Headset, das weiß ist 5   eine CD-Box, die gelb ist 6

2 Welche Gegenstände gehören Ilonka? Welche Gegenstände gehören Alex?
 a. Schreibe Sätze mit Hilfe der Wortgruppen aus Aufgabe 1 auf.
 b. Verbinde die Relativpronomen und die zugehörigen Nomen durch Pfeile.
 c. Markiere die Kommas.

Ilonka gehört der Laptop, der weiß ist.

3 Erkläre jeweils das unterstrichene Nomen durch einen eingeschobenen Relativsatz
genauer. Verwende die Angaben in Klammern. Schreibe das Satzgefüge in deinem
Heft auf.
Tipp: Ein eingeschobener Relativsatz wird durch zwei Kommas vom Hauptsatz
abgetrennt. Die gebeugte Verbform steht im Relativsatz immer am Ende.

Mike will sein Handy ausprobieren. (neu)
Er schreibt an seinen Freund eine Kurznachricht. (bester Kumpel)

Sätze verknüpfen

1 Verknüpfe die Sätze durch **aber** oder **denn** miteinander und
schreibe die Satzreihen auf.

/2 Punkte

Die Klasse wurde aufgeteilt. Jeder durfte sich ein Projekt aussuchen.
Rafik möchte beim Zirkusprojekt mitmachen. Es ist kein Platz mehr frei.

2 Verknüpfe die Sätze durch **da** oder **weil** miteinander und schreibe die Satzgefüge auf.

/2 Punkte

Dorina nahm am Zirkusprojekt teil. Sie wollte eine Clownsnummer vorführen.
Timo freute sich auf das Kriminalprojekt. Er traf dabei einen echten Kommissar.

3 Verknüpfe die Sätze durch **wenn** miteinander und schreibe die Satzgefüge auf.

/2 Punkte

Alle sind da. Die Klasse macht sich auf den Weg zum Zirkus.
Es läuft alles wie geplant. Die Schülerinnen und Schüler treffen zuerst die Akrobaten.

4 Verknüpfe die Sätze durch **obwohl** miteinander und schreibe die Satzgefüge auf.

/2 Punkte

Ich machte viele Fotos von Käfern. Ich konnte früher Käfer nicht leiden.
Wir blieben lange im Wald. Das Wetter war schlecht.

5 **a.** Verknüpfe die Sätze durch ein Relativpronomen und schreibe das Satzgefüge auf.
b. Verbinde das Relativpronomen durch einen Pfeil mit dem zugehörigen Nomen.

/2 Punkte

Pia hat Blätter gesammelt. Sie packt die Blätter in den Rucksack.

Gesamt: /10 Punkte

Auswertung ➤ **Lösungsheft**

Das Arbeitsheft wurde erarbeitet auf der Grundlage der Ausgaben von Renate Krull, Silke Müller (Herausgeberinnen) und Werner Bentin, Torsten Zander (Herausgeber) sowie von Grit Adam, Angela Adhikari, Esther Backes, Werner Bentin, Julia Beyer, Susanne Bonora, Kathleen Breitkopf, Marion Clausen, Ulrich Deters, Simone Drews, Susanne El-Gindi, Piroska Evenburg, Martin Felber, Filiz Feustel, Diana Grünkorn, Sandra Heidmann-Weiß, Dirk Hergesell, Svea Hummelsheim, Renate Krull, Sylvelin Leipold, Angela Lieser, Petra Maier-Hundhammer, Sarah Marin Bendana, Silke Müller, Martina Panzer, Katrin Placzek, Heidi Pohlmann, Silke Quast, Christine Roock, Werner Roose, Jutta Schindler, Matthias Scholz, Rainer Schremb, Judith Schürmer, Gerda Steininger, Gila Tautz, Isabel Tebarth, Renate Teepe, Stephan Theuer, Eva Thürer, Melinda Widmann, Britta Wurst, Torsten Zander.

Redaktion: Barbara Holzwarth, Gröbenzell/München
Umschlaggestaltung: Buchgestaltung +, Berlin
Umschlagillustration: Natascha Römer, Römer & Osadtschij GbR, Schwäbisch Gmünd
Layoutkonzept: Wladimir Perlin (MeGA 14), Berlin
Technische Umsetzung: L 101 Mediengestaltung, Fürstenwalde

Textquellen
S. 5 f.: Thomas, Volker, Presse & PR, Agentur für Text und Gestaltung: Der Luchs in Deutschland. Originalbeitrag; **S. 9:** Die Gefährdung heimischer Säugetierarten in Bayern 2017. Informationen nach: Rote Liste und kommentierte Gesamtartenliste der Säugetiere (Mammalia) Bayerns, Herausgeber: Bayerisches Landesamt für Umwelt (LfU), Dezember 2017; **S. 12 f.: Wieland, Andrea:** Höhlenforschung*. Nach: http://www.planet-wissen.de/natur/forschung/hoehlenforschung/pwiegefahreninhoehlen100.html [Stand 19.06.2018]; **S. 32 f.: Jerosch, Rainer:** Lächeln im Regen*. Aus: Hans-Georg Noack (Hrsg.): Wie wir es sehen: Texte und Bilder junger Autoren. Signal-Verlag Frevert, Baden-Baden 1964; **S. 38 ff.: Hornby, Nick:** Slam*. Aus: Slam. Übersetzt von Clara Drechsler und Harald Hellmann. Kiepenheuer & Witsch, Köln 2008, S. 9–16; **S. 44 f.: Fontane, Theodor:** Die Brück' am Tay. Aus: Beate Pinkerneil (Hrsg.): Das große deutsche Balladenbuch. Athenäum-Verlag, Regensburg 1978, S. 436 f.; **S. 48: Heine, Heinrich:** Es erklingen alle Bäume. Aus: Helmut Holtzhauer (Hrsg.): Heines Werke in fünf Bänden. Erster Band: Gedichte. Volksverlag, Weimar 1961, S. 124.
Die mit * gekennzeichneten Texte wurden aus didaktischen Gründen gekürzt und/oder verändert.

Bildquellen
S. 5: Colourbox/Svehlik; S. 6: mauritius images/Minden Pictures; S. 10: stock.adobe.com/kaz; S. 12: mauritius images/Photononstop/Philippe Crochet; S. 13: dpa Picture-Alliance/blickwinkel/S; S. 20: stock.adobe.com/olly; S. 38: Nick Hornby: Slam. Kiepenheuer & Witsch, Köln 2012; S. 44: bpk; S. 54: stock.adobe.com/JackF; S. 56: www.coulorbox.de; S. 58: stock.adobe.com/Djordje Korovljevic; S. 59: www.coulorbox.de; S. 60: stock.adobe.com/Robert Kneschke; S. 64: stock.adobe.com/Lisa F. Young; S. 65: stock.adobe.com/Fotolyse; S. 67: stock.adobe.com/imaginando; S. 70: Shutterstock.com/Michael Rosskothen; S. 74: stock.adobe.com/Gerhard Seybert; S. 76: Shutterstock.com/Myotis; S. 80: stock.adobe.com/CSschmuck; S. 88: stock.adobe.com/Monkey Business; S. 98: (oben) Imago Sportfotodienst GmbH/Ferdi Hartung, (unten) Imago Sportfotodienst GmbH/HJS; S. 107: Imago Stock & People GmbH/imagebroker

Illustrationen
Stefan Bachmann, Wiesbaden: 39, 43; **Sylvia Graupner,** Annaberg-Buchholz: 32–33, 35, 37; **Carsten Märtin,** Oldenburg: 52–54, 56, 57 oben, 59, 62, 72; **Dorina Tessmann,** Berlin: 22, 24; **Rüdiger Trebels,** Düsseldorf: 17–19, 28, 57 Mitte, 66, 68–69, 83–87, 90, 92–94, 96, 100, 103, 105, 109, 110; **Christa Unzner-Koebel,** Berlin: 44, 45, 46, 48

weitere Bestandteile für Schüler zu Doppel-Klick 7M
Schülerbuch 978-3-06-200211-3
Schülerbuch als E-Book 978-3-06-062080-7
Interaktive Übungen 978-3-06-062071-5

www.cornelsen.de

Ausgabe ohne interaktive Übungen
1. Auflage, 1. Druck 2019
ISBN 978-3-06-200212-0

Ausgabe mit interaktiven Übungen
1. Auflage, 1. Druck 2019
ISBN 978-3-06-062064-7